KB093944

잠시,
생각할
시간이
필요해

잠시, 생각할 시간이 필요해

1판 1쇄 2018년 7월 5일

지 은 이 최환석

펴 낸 이 정연금
펴 낸 곳 멘토르
등   록 2004년 12월 30일 제302-2004-00081호
주   소 서울시 광진구 능동로 331 2층
전   화 02-706-0911
팩   스 02-706-0913
이 메 일 mentorbooks@naver.com

ISBN 978-89-6305-139-0 (03180)
최환석 ⓒ 2018

※ 책값은 뒤표지에 있습니다.
※ 잘못 만들어진 책은 구입한 곳에서 바꾸어 드립니다.

잠시,
생각할 시간이
필요해

최환석 지음

정신건강의학과 전문의 최환석의
무기력과 불안을 없애줄
9가지 심리 처방

멘토르

'잠시, 생각할 시간' 가져보기

이 책에 담긴 이야기는 단순하고 소박하다. 우리 삶은 언제나 예상치 못한 사건이 벌어지고 역경도 닥칠 수 있다. 그러므로 치열하고, 어떤 때는 처절하기도 한 그 삶의 현장에서 혼자 감당하기 힘든 상황을 이겨내고 좋은 마음으로 살아가려면 무엇보다 생각의 근육을 단련하는 일이 중요하다.

두말할 나위 없이 우리는 행복하기 위해 일하고 쉬고 만나고 헤어진다. 때로는 역동적으로 움직이기도 하고 때로는 가만히 웅크린 채 머물러 있기도 한다. 어쨌거나, 아무리 진부한 표현이라 할지라도 결국 '행복'이 우리 인생의 궁극적 목표라고 해도 결코 틀린 말은 아니다.

　그런데 정작 행복할 수 있는 길을 놔두고 자꾸 불행한 길을 택하는 사람이 있다. 의사이자 상담자로서 나는 그들이 늘 안타까웠다. 이 책은 뻔히 보이는 불행을 반복하는 실수를 저지르고 싶지 않은 사람들에게 '잠시, 생각할 시간'을 갖자고 제안한다.

　인생의 중요한 결정을 앞두고 혼란을 겪을 때 또는 그냥 일상에서 순간순간 이런저런 감정이 솟구칠 때 우리는 자기감정에 따라 마음 가는 대로 하라는 조언을 곧잘 듣게 된다. 아마 감정이 사람을 사람답게 만드는 본질이라는 관점이 그 바탕에 자리하고 있을 것이다. 물론 이 역시 틀린 말은 아니다. 우리는 사랑하고 미워하고 분노하고 기뻐하는 과정에서 자신의 감정을 인식하며 살아 있다고 느낀다.

사람들은 또한 행복이라는 것도 결국 감정 혹은 느낌이라고 여긴다. 하지만 '감정'이라는 것을 객관화해 진화적 관점에서 바라보면 이것을 우리가 너무 과대평가하고 있는 건 아닌가 싶기도 하다. 사실 감정이란 생존을 용이하도록 도와주는 일종의 알고리즘에 지나지 않는다는 것이 내 생각이다.

감정은 '사랑'이라는 느낌으로 짝을 찾아 종족 보존을 추구하도록 하고 눈앞에 위험이 느껴지면 도망가거나 싸우도록 부추긴다. 몸이 아플 때 우리가 우울해지는 것도 실은 다 이유가 있다. 이때는 우리 몸이 병원체와 싸워야 하므로 불필요한 에너지를 최대한 아껴 생존을 도모하려는 방편으로 '우울함'이라는 감정을 활용하는 것이다.

우리 뇌 혹은 우리 몸은 생존과 종족 보존에 도움이 되는 데서는 기쁨과 쾌감을 느껴 그것을 지속하도록 하는 반면, 생존과 종족 보존에 방해가 되는 것은 싫어하도록 프로그래밍되어 있다.

그런데 선사시대에는 '감정'의 작용이 매우 쓸모 있는 알고

리즘으로 작용했지만 이미 지나치다 싶을 정도로 복잡화되고 집단화된 현대사회에서 감정은 유용한 방향으로 우리를 이끌기보다는 잘못된 선택을 유도할 때가 많다는 데 유의할 필요가 있다.

위험이 닥쳤을 때 순간적으로 치솟는 감정에 따라 '싸움'을 선택했더니 그 결과가 '교도소행'이라면 어떤가. 이 경우 '치솟는 감정'은 적응에 실패한 알고리즘일 뿐이다. 그런 의미에서 현대사회를 사는 우리에게는 감정에 따른 선택보다 오히려 감정에서 한 발짝 떨어져 판단하는 편이 현명한 결과를 가져올 때가 더 많다. 우리에게 '잠시, 생각할 시간'이 필요한 이유다.

삶에서 우리는 무수히 많은 갈림길을 만난다. 그때마다 감정의 혼란과 선택의 딜레마를 겪지 않을 수 없다. 그러다 헛된 감정에 굴복해 상처를 입을 수도 있고, 정작 자신에게 유리한 결정을 선뜻 내리지 못해 어둡고 불행한 마음으로 살아가게 될 수도 있다. 잠시, 생각할 시간을 마련하는 것은 바로 그때 우리가 조금이라도 유리한 방향으로 진로를 바꿔 궁극적인 행복의 길로 내디딜 수 있도록 돕는 심리적 수단이다.

저명한 심리학자 마틴 셀리그먼은 말했다. "결코 잊지 말아야 할 것은 외상 이후의 성장이다. 충격적인 사건을 겪으면 많은 사람이 심각한 우울증과 불안증을 보인다. 하지만 그들은 다시 성장한다. 심리적 기능 수준이 이전보다 향상된다."

살면서 큰일을 당하는 사람들 중 80퍼센트는 시간이 지나면 평소 상태로 되돌아와 정상적으로 생활한다. 그리고 10퍼센트는 우울증이나 외상후스트레스장애 등 후유증으로 인해 더 심각한 상황까지 치닫는 반면, 남은 10퍼센트는 오히려 정신적 성숙을 경험하게 된다. 바로 그 10퍼센트 사람들의 회복력을, 우리는 배워야 한다. 큰일을 겪고 나서 부쩍 성장한 이 10퍼센트의 사람들에게는 다음과 같은 두 가지 공통점이 있다.

첫째, 그들은 최악의 상황이나 불행을 겪었다는 단면적 인식에서 벗어나 다양한 측면에서 긍정적 의미를 발견함으로써 매사에 감사하는 태도를 갖고 있다.

둘째, 그들은 삶에서 정말 중요한 것이 무엇인지 깨닫고 원하는 삶으로 점차 나아가며 타인의 고통에 깊이 공감할 줄 안다.

이제 이 책을 읽게 될 당신도, 모쪼록 이번 생에서 그 어떤 역경을 만나든 잘 이겨내 더 단단해지고 더 행복해지기를 바란다. 이 조그만 책이 당신의 짧지 않은 여정에 소박한 벗이 되어주기를 기대한다.

2018년 초여름
최환석

차례

1장

왜 자꾸 무기력해질까?
무력감에서 벗어나기

2장

당신의 기억을 믿지 마라

불행한 과거 기억에서 벗어나기

3장

미래가 불안하다는 당신에게

잘못된 미래의 상상에서 벗어나기

4장

있는 그대로 받아들이는 연습

인생의 중심에 '나 자신'을 놓기

5장

인생에 '나쁜 고통'만 있는 건 아니다

고통 다스리기

6장

잃은 게 있다면 얻은 것도 있다
생각을 뒤집어 긍정하기

7장

아픈 눈으로 세상을 보면 누구나 아프다
우울감에서 벗어나기

8장

운수 나쁜 날을 완벽하게 뒤집는 기술
분노감에서 벗어나기

9장

진짜 이기는 게임을 하라
불필요한 싸움에서 벗어나기

1장 ...,

왜 자꾸
무기력해질까?

무력감에서 벗어나기

위대한 사람은 목표를 세우고,
소인들은 그저 공상만 한다. — 워싱턴 어빙

인간은 누구나 욕구를 충족하기 위한 행동을 하며 살아간다. 욕구는 인간의 본능이기 때문이다. 물론 추구하는 욕구가 늘 똑같지는 않다. 굳이 '매슬로의 인간 욕구 5단계 이론(Maslow's hierarchy of needs)'을 언급하지 않더라도, 우리는 대개 산수를 배우고 나면 조금 더 어려운 수학에 도전하고 싶고, 오늘 간단한 파스타 요리를 해먹었다면 다음에는 조금 더 재료가 많이 들어가는 다소 복잡한 파스타 요리에 도전하고 싶은 욕구가 생긴다.

다양한 욕구를 차근차근 충족해가며 자신을 발전시키는 게 인간이다. 그런데 높은 차원의 욕구 충족 단계에서 버거움을 느끼거나 실패만 거듭하다보면 낮은 차원의 욕구에 머무르거나 욕구 충족 자체를 거부하게 되면서 무기력을 겪을 수 있다.

혹시 깜깜한 터널에 갇힌 채 살고 있는 건 아닐까?

어릴 때는 작은 것만 성취해도 기쁘고 행복했다. 하지만 청소년기로 접어들면, 사회생활에 진입하면 손쉬운 성취는 점점 줄어든다. 게다가 한국 사회의 교육 현실은 소수 상위권 학생들에게만 보상이 이루어지는 극도의 경쟁 상황이 아니던가.

공부를 할 때는 성취 욕구를 스스로 자극할 수 있어야 더 큰 욕구로 나아가게 된다. 그러나 오늘날 우리 아이들에게 '공부'란 하지 않으면 안 되는 강요된 일이 되어버렸다. 만족감은 고사하고 기본적 욕구 충족조차 어렵다.

그나마 진로를 바꿀 수 있으면 괜찮다. 즉 '내가 하고 싶은 일을 한다'라는 생각으로 남아야 뭐라든 개성 있는 삶, 독자적인

잠시..., 생각할 시간이 필요해

길을 가는 사람도 있다. 그러나 이런 삶 역시 쉽지는 않다. 사회 전반의 곱지 않은 시선을 감내해야 하며 안정된 생활을 포기해야 할 수도 있기 때문이다.

억눌린 욕구는 자칫 엉뚱한 곳으로 분출될 수도 있다. 한번은 대학에 막 입학한 남학생 재영 씨가 아버지와 함께 상담을 요청해왔다. 재영 씨는 초조감과 불안, 수면장애 등으로 일상생활이 무척 어렵다면서 치료를 원했다.

사실 재영 씨는 고등학생 때부터 스포츠 복권을 했다고 한다. 처음에는 승리 팀을 맞추거나 경기 결과를 미리 점쳐보는 일이 재미있어 시작한 것이었다. 그런데 몇 번 경기 결과를 맞혀 짜릿함을 맛보면서 어느새 단순한 취미 이상이 되어버렸다고 했다. 나중에는 여기저기서 돈을 빌리면서까지 하게 되었고, 수천만 원 빚까지 지게 되었다고 했다.

"저만 그런 게 아니에요. 요즘 웬만한 고등학생들은 다 스포츠 복권을 해요."

청소년들이 학업으로 인한 압박감을 이겨내느라 나름대로 선택하는 스트레스 해소 방식 중 하나라는 얘기였다. 그런데 왜 하필 스포츠 복권일까? 혹 학업과 관련해 자신이 해야 하는 모든 고생이 결국 '돈을 잘 버는 삶'을 위한 것이라고 세뇌된 상태에서 과도한 경쟁에 따른 불안을 이런 식으로 보상받으려 하는 것은 아닐까.

어떤 의미에서 청소년들의 이런 행동은 사회에서 밀려나지 않으려는 본능적 욕구로 보인다. 하지만 재영 씨처럼 그들 중 대다수는 여기서도 실패를 반복하게 되고, 그러다 보면 매사에 의욕을 잃고 무력감을 느낀다. 더 높은 차원의 욕구로 나아가지 못하는 심리적 지체 현상이 나타나는 것이다. 이는 일종의 세뇌 과정에 의한 것이다.

'세뇌'란 무엇인가. 특정한 사상이나 주의, 생각을 추종하도록 뇌리에 주입하는 일이다. 그러므로 '세뇌'에서는 정보의 양을 조절하는 것이 관건이고 외부 세계와 격리시키고 단절시키는 것이 또한 중요하다. 정보의 양을 최소한으로 할 경우 우리 뇌는 약간의 정보라도 주어지면 그것을 무조건적으로 흡수하려는 본성이 있다. 마치 터널과 같은 상태를 만들어 시야를 좁혀놓고 터널 끝에서 한 줄기 빛을 비추어 거기 도달하려고 매진하도록 만드는 것과 같다.

동남아시아 국가들에서는 코끼리를 그런 '세뇌' 방식으로 사육한다. 새끼코끼리가 태어나면 쇠사슬로 기둥에 묶어놓는다. 새끼코끼리는 쇠사슬의 길이만큼만 움직일 수 있다. 이렇게 자란 코끼리는 나중에 어른 코끼리가 되고 쇠사슬에 묶여 있지 않아도 마치 목줄에 묶인 것처럼 멀리 가지 못하고 한정된 범위에서만 움직인다. 혹시 우리 사회가 아이들을 이렇게 길들이고 있는 건 아닐까.

"지금은 딴생각 말고 오로지 공부만 해!"

우리 청소년들은 아침부터 밤늦게까지 깜깜한 터널과 같은 환경에서 외부 자극으로부터 차단된 상태로 지내며, 터널 끄트머리의 한 줄기 빛만 바라보도록 요구받는다.

문제는 세뇌를 위해 외부 정보가 차단된다 할지라도 그들이 터널 안에서 감당해야 하는 정보는 또 너무나 많다는 점이다. 그러다보니 대부분은 지쳐서 흥미와 의욕을 잃는다. 더욱이 꽤 오랜 시간 불면과 피로감, 스트레스에 시달리며 살아가게 되는데, 이런 것들은 뇌의 신경전달물질을 고갈시켜 수동적이고 기계적인 반응이나 무기력증을 일으킨다.

실험용 쥐를 물통에 빠뜨리면 처음에는 버둥거리며 살려고 온갖 노력을 다 한다. 하지만 몇 분 후면, 아무리 버둥거려봐야 소용없다는 사실을 깨닫고는 그저 물 위에 둥둥 떠 있게 된다. 다음 날 이 쥐를 다시 물통에 빠뜨리면 전날보다 더 적은 시간 버둥거리다 이내 포기한다. 그다음 날은 어떻겠는가. 버둥거리는 시간이 나날이 줄어들다, 일주일쯤 지나면 버둥거리려는 시도조차 하지 않고 물에 들어가자마자 축 늘어져 둥둥 떠 있기만 한다.

터널 끝에 이르면
행복해질까?

터널을 성공적으로 통과하고 나면 모든 문제가 해결되고 행복해질까? 안타깝게도 그렇지는 않다. 이미 세뇌가 완성되었으므로 자신들은 보상받을 자격이 충분하며 상대적으로 열등해 보이는 사람은 무시해도 된다는 인식을 가지기 쉽다. 남들이 인정해주는 명문 대학에 들어간 학생들은 그것을 전리품으로 삼게 되고, 자신들이 구축한 기존의 시스템을 지키느라 혈안이 된 상태로 살아가게 된다. 우리 사회에서 끊임없는 세뇌 작업이 유지되는 이유다.

시스템을 유지하기 원하는 세뇌자들은 항상 이렇게 말한다. "이 길을 벗어나지 않고 계속 가면 여러분은 성공할 수 있습니다. 조금만 더 가면 불빛이 보입니다. 어느 순간 푸른 하늘을 볼수 있어요. 보세요! 저 사람은 그렇게 성공했어요!"

국가든 회사든 종교든 간에 세뇌의 기본 논리는 바로 이것이다. 그러나 행동강령만 늘어놓는다고 해서 사람들이 무조건 따르는 건 아니다. 근본적 사고방식과 논리를 주입해야 세뇌가 완성된다. 그 논리가 진리라는 확신을 주어 가짜진리를 통해서만 세상을 보게 만드는 것이다.

언젠가 '인분 교수' 사건으로 한국 사회가 떠들썩했던 적이 있다. 사람들은 의아했다. '아무리 교수와 제자 사이라지만 어떻게 다 큰 청년이 온갖 폭행과 모욕은 물론이고 인분까지 먹는 모욕을 감수했을까? 왜 당하고만 있었을까?'

심리학자들은 이 제자의 행동을 '매맞는아내증후군', 즉 반복된 폭행을 당하며 무기력해진 탓으로 설명했다. 하지만 내가 보기에 이 제자는 단순히 무기력해져서 당하고 있었던 것이 아니다. 터널 속에 갇혀 희망이라는 희미한 불빛만 보며 나아가도록 세뇌되었던 것이다. 반복된 속수무책 상황이 이어지면서 점차 희망을 잃어간 것이랄까.

교수는 디자인 업계의 막후 실력자였고 제자가 근무하는 회사의 실세였다. 그 청년은 이미 그 교수가 별다른 능력이 없는 다른 제자를 교수로 만들어주는 상황을 목격한 바 있다. 그걸 보면서 자신도 잘만 참아내면 교수가 될 수 있으리라는 희망이 세뇌의 논리로 작용했을 것이다. 교수 역시 "나는 너를 교수가 되도록 해줄 힘이 있다"라고 끊임없이 세뇌시켰다. 일종의 희망고문이었다. 아마 교수는 때로 과잉 친절을 베풀기도 했을 것이며, 실제로 이 제자를 교수로 추천하거나 부탁하는 제스처를 보였을 수도 있다.

두려움과 맞서는 용기가 중요하다

세뇌 상황에서 벗어나려면 무엇보다도 두려움이라는 감정을 이겨내야 한다. 이런 점에서, 인분 교수에 대한 두려움을 이겨내고 세상을 향해 도움을 요청한 그 제자는 엄청난 용기를 발휘한 사람이라 할 수 있다. 즉 그는 인분까지 먹은 나약한 사람이 아니라, 대다수가 모른 체하며 묵인하는 와중에 나쁜 상황을 바꾸기 위해 결단한 사람인 것이다.

사실 사람들이 무기력해지는 건 두려움 때문이 아닐까. 이제자만 해도 소속 집단으로부터 듣게 될 비난을 각오해야 했을 것이다. 남들처럼 잘살 수 없을지 모른다는 두려움에 맞선 용기가 세뇌라는 억압 상황과 그에 따른 무기력을 깨뜨린 것이다.

그런데 '무력한 것(helpless)'과 '절망적인 것(hopeless)'은 엄밀히 구분해서 생각할 필요가 있다. 무력한 것은 속수무책이기는 하지만 그래도 희망을 가질 수 있는 상태다. 당신이 친구들과 등산을 갔다가 조난을 당했다고 해보자. 그 산은 남아메리카의 이름 모를 산이며, 가장 가까운 마을조차 100킬로미터나 떨어져 있다. 어떻게든 길을 찾아보려 했지만 실패했다. 더 어찌해볼 도리가 없다고 생각될 때, 즉 속수무책일 때 당신과 친구들은 어떤 반응을 보일까? 아마 무력감을 겪는다는 점에선 모두 같을 것이다.

그러나 그중 어떤 이는 곧 죽을지 모른다는 생각에 우울증과 심한 불안 증세를 보일 터이지만 또 어떤 이들은 할 수 있는 방법이 없으니 구조되기까지 최대한 생존해 있어야겠다며 의지를 불사를 수도 있다.

전자는 무력함과 함께 절망에 빠져 있다. 반면 후자는 비록 무력감을 겪고 있기는 하나 절망에 빠져 있지는 않다. 이들은 구조대가 올 수도 있고 지나가던 산악인이나 마을 주민에게 발견될 수도 있다고 생각한다. 그 가능성을 생각하기에 어떻게든 생존하려 한다. 그러므로 이들은 식량과 물을 가능한 한 오래 유지하도록 지혜롭게 배분하고 주위에서 얻을 수 있는 자원을 최대한 활용하고자 구체적 행동을 할 것이다. 반면 무기력하게 절망만 하는 사람들은 자기 인생에 대한 통제감을 완전히 상실했다면서 그저 불안해할 뿐이다.

단지 무력감을 느낀 것이라면 시간이 지나면서 회복될 수 있지만 절망에 빠지면 비관주의의 늪 속에서 살아가게 된다. 이때는 상담이나 병원 치료를 요할 수도 있는데, 극단적 상태로 치달으면 치료를 받도록 하는 일 자체가 매우 어렵다.

남들의 '이러쿵저러쿵'에 신경 쓰지 마라

20대 초반인 지훈 씨는 왜소한 신체와 소극적인 성격 탓에 중학교 때부터 이른바 '왕따'를 당해왔고 대학생이 된 현재도 학과

잠시… 생각할 시간이 필요해

친구들과 어울리기 힘들다고 했다.

몇 번 만나 대화를 나눠보니 그는 이미 자신의 문제를 파악하고 있었다. 다른 사람들의 반응을 부정적인 쪽으로 지레짐작해 그 스스로 먼저 관계를 회피한다는 것을 말이다.

사실상 회피하는 쪽은 친구들이 아니라 지훈 씨였다. 그러나 머릿속을 강하게 지배하는 부정적 사고방식에서 벗어나기가 어렵다고 했다. 거기서 벗어나려면 다른 사람으로부터 인정과 관심을 받으려 하는 강박관념부터 줄여나가야 했다.

"지훈 씨는 어때요? 다른 사람들이 뭘 하며 사는지 관심이 많은 편인가요?"

"아뇨. 별로 없죠."

"다른 사람들도 그럴 거예요. 지훈 씨가 뭘 좋아하고 뭘 싫어하는지, 무슨 일을 하고 다니는지 깊은 관심은 없을 겁니다. 그렇다면 다른 사람이 지훈 씨를 흉보지 않을까 염려하며 전전긍긍할 필요가 있을까요?"

사람들의 행동 밑바탕에는 공통적 욕구가 하나 자리 잡고 있다. 바로 인정받고 싶은 마음이다. 극히 예외적인 경우를 제외하면, 사람은 누구나 타인으로부터 인정이나 관심을 받고 싶어한다. 그러나 현실은 의외로 냉혹해서 살다보면 긍정적 평가보다는 부정적 평가와 맞닥뜨려야 하는 경우가 더 많은 듯 느껴진다. 그렇다 하더라도 대다수 사람들은 그 부정적 평가를 그냥 무시하기도 하고 때로는 냉철하게 받아들여 삶을 교정하기도 하면서 살아간다.

그런데 부정적 평가에 유독 민감하게 '반응'하는 사람이 있다. 심하면 피해의식으로 발전하기도 한다. 부정적 평가를 받고 있는 상황이 아닌데도 자신이 비난받거나 조롱받는다고 지레짐작한다. 내면에 깔린 불안감 때문에 실제 상황을 객관적으로 인식하지 못하는 것이다.

뜻 없는 농담이나 가벼운 조롱에도 심각한 무시나 침해를 당했다고 여기고, 아주 작은 갈등도 매우 큰 위험으로 인지한다. 웃으며 넘길 일도 계속 그 일을 곱씹다가 마침내는 자존감이 바닥까지 떨어지는 사태로 번진다. 매우 주관적인 자신만의 부정적 해석 방식이 작용하기 때문이다.

이런 방식을 '자각'함으로써 생각의 '전환'이 이루어지지 않는 이상 그 고통스러운 챗바퀴는 멈추지 않는다.

잠시… 생각할 시간이 필요해

진정한 열정은
들뜨지 않고 치밀하다

─

그런데 꼬리를 물고 이어지는 부정적인 생각에 빠져 있지 않고 의도적으로 희망 찬 미래를 상상하고 꿈꾸고 갈구하기만 하면 무기력에서 벗어날 수 있는 걸까?

괴테는 "위대한 열정은 희망 없는 만성 질병"이라고 말했다. 그는 '열정'을 왜 이렇듯 부정적으로 표현했을까? 흔히 '열정'이라고 하면 상당히 감정적인 것으로 본다. 뭔가를 해내기 위해 희망을 가지고 엄청난 에너지를 뿜어대며 쉼 없이 지치지 않는 모습으로 일을 추진하는 모습이랄까. 그런 점에서 열정이란 조증이나 과대망상과 유사한, 어쩌면 '정상이 아닌' 것으로 보일 수도 있다. 아마 괴테가 살던 시대에도 열정이라는 말을 이런 식으로 생각했던 모양이다.

하지만 진정한 열정은 이런 '들뜸'과 무관하다. 어떤 감정 상태에 있든 열정적인 사람은 자신의 목표를 이루고자 빈틈없이 준비하고 행동한다. 그런 사람은 목표를 달성하지 못하더라도 낙담해 있기보다는 실패의 원인을 분석한다. 그래서 주어진 조건에서 다시 도전한다.

열정에는 분출과 전진만 있는 것이 아니다. 때로는 지혜로운 후퇴나 절제도 필요하다. 열정적으로 공부하고 열정적으로 일하다가 몸이 망가진다면 열정이 다 무슨 소용인가. 열정적으로 일한다고 할 때 그 일은 자신뿐 아니라 타인에게도 해를 끼치지 않는 일이어야 한다. 사기를 치거나 불법적인 일을 한다면 그것은 열정적으로 일한다고 말하지 않는다.

수많은 자기계발서가 열정을 되살려야 한다고 부르짖는다. 그러면서 제안하는 방법이 성공한 이후 최고 자리에 우뚝 선 자신의 미래나 여유롭게 삶을 즐기는 모습을 '상상'하라는 것이다. 한마디로 자신에게 '최면'을 걸라는 조언인데, 과연 이 방법은 효과가 있을까?

이런 권면을 하는 데는 아마도 교육심리학자 로버트 로젠탈(Robert Rosenthal)이 주장해 '로젠탈 효과'라고도 불리는 것, 곧 '자기충족 예언'이나 '피그말리온 효과'에 대한 오해가 한몫을 한 게 아닌가 싶다. 로젠탈 교수가 주장한 내용의 핵심은 긍정적 기대나 관심이 열등감이나 편견에 의해 미처 보지 못하던 자신의 강점이나 능력을 파악하게 해준다는 것이다.

로젠탈은 샌프란시스코의 한 초등학교에서 '피그말리온 효과'를 보여주는 실험을 했다. 지능지수에 관계없이 무작위로 학생들을 뽑아 담임을 배정한 뒤 담임교사에게는 "지능지수가 특별하게 높은 아이들"이라고 말했다. 그러자 선생님은 아이들의 높은 수준에 부응하고자 아이들을 더 열심히 가르치며 격려했고 아이들 또한 선생님의 기대에 부응하고자 열심히 공부했다.

실험을 시작하고 8개월이 지나 실험 결과를 알아보고자 지능지수 검사를 다시 해보니 이 반 아이들의 지능지수가 다른 반에 비해 월등히 상승해 있었다. 그래서 사람들은 이 실험에서 '기대하는 만큼 이루어진다'라는 결론을 도출하지만, 내가 보기에 이 실험이 말해주는 것은 성취의 원인이 행동에 있지 상상에 있지 않다는 점이다. 그들의 상상이 좋은 결과를 만들어준 게 아니라 그들의 신념과 노력이 좋은 결과를 가져온 거다.

'상상만 해도 이뤄진다'라는 그럴듯한 거짓말

이 외에도 다양한 실험 결과가 '막연한 상상'은 결코 목표 달성에 효과가 없음을 보여준다. UCLA 심리학과 교수 리엔 팜(Lien Pham)과 셸리 테일러(Shelley Taylor)는 시험을 앞둔 학생들을 두 그룹으로 나누어, 1번 그룹에는 자신이 시험에서 좋은 성적을 얻는 상상을 하루에 몇 분씩 하도록 하고, 2번 그룹에는 별다른 주문을 하지 않은 채 시험을 보게 했다. 그러자 매일 몇 분씩 상상에 빠졌던 1번 그룹이 2번 그룹에 비해 공부를 덜 했고 당연히 성적도 나빴다.

또 뉴욕 대학 심리학과 가브리엘 외팅겐(Gabriele Oettingen) 교수의 연구에 의하면, 미래에 큰 성공을 거두는 기분 좋은 상상을 대학 시절에 자주 했던 사람일수록 학교 졸업 후 구직활동을 덜하고 그리하여 실제로 취직도 덜 되었으며 취직을 하더라도 적은 보수를 받았다.

유사한 조사를 다이어트 중인 비만 여성들을 대상으로 실시한 적이 있다. 그런데 먹을 것이 눈앞에 있어도 유혹을 받지 않는 상상을 더 자주 한 사람들이, 유혹을 이겨내지 못할까봐 전전긍긍하던 사람들보다 체중이 덜 감소했다.

이런 결과는 다소 뜻밖이어서 연구자들 스스로도 당혹스러워했다. 그러나 이 실험과 조사 결과가 알려주는 진실은 분명하다. 장밋빛 상상에 자주 빠지는 사람일수록 장애물을 만나면 쉽게 좌절하거나 도피하는 모습을 보인다는 것이다.

'로젠탈 효과'에 대한 오해에서 나온 이런 반복적 상상은 이를테면 스스로에게 최면을 거는 것이다. 즉 인생의 다양한 굴곡, 삶에서 부닥치는 진실을 인정하기보다 '나는 반드시 행복해야 해'라고 강박적으로 외치기만 하는 것이다. 이는 일종의 도피다. 주문을 외우기는 쉽지만 장애물을 넘어가기는 어렵기 때문이다.

더 많은 주문을 외우는 사람일수록 장애물을 만나면 지레 겁먹고 당황하거나 불안을 느끼며 부정과 회피를 일삼는다. 결과적으로는 목표를 이루는 데 따르는 노력을 게을리하게 되고, 그러니 실패할 가능성도 높아진다.

무력감에서 빠져나오는 첫 번째 발걸음

장밋빛 상상이 가져다주는 이점도 물론 없지는 않다. 우선, 일시적으로 기분이 좋아진다. 따라서 이런 상상이 그 자체로 나쁜 것은 아니다. 다만 반복적 상상은 망상이 되기 쉽고 이런 망상 습관은 마약처럼 현실 도피의 수단으로 쓰일 수 있다. 이런 사람들에게는 실상 '계획'이라는 게 없다. 다음 두 말을 한번 비교해보라.

"난 다이어트에 성공해서 예뻐지고 말 거야."

"난 내일부터 다이어트를 위해 1일1식을 하려고 해."

차이는 분명하다. 전자는 예뻐지고자 하는 간절함이 문장에 담겨 있다. 하지만 그뿐이다. 후자는 단순한 바람에서 그치지 않고 목표와 계획을 구체적으로 말하고 있다.

간절함도 열정도 분명 좋은 것이다. 이런 감정 상태는 우리를 들뜨게 하고 희망하게 한다. 하지만 그걸로 끝이다. 반면에 목표나 계획은 우리가 변덕스러운 감정에 휘둘리지 않도록 단순한 희망사항에 구체적 방향성을 부여해준다.

따라서 열정이나 간절함이 있으며 그것을 진정으로 성취하고 싶다면 구체적인 목표와 단계적으로 세분화된 계획을 세워야 한다. 실제로 목표를 '단계적으로' 추구하고 성취해나가는 사람들은 장애물에 부딪혔을 때 두려움과 망설임을 더 잘 극복하는 모습을 보인다. 이런 사람들은 막연한 장밋빛 상상보다 목표를 달성했을 때 얻는 구체적 혜택을 더 자주 생각하는 경향이 있다. 즉 목표를 달성했을 때 달라질 자신의 삶을 객관적으로 평가할 줄 안다.

학창 시절 우수한 성적을 유지해 명문 대학을 나왔지만 뚜렷이 하는 일 없이 무기력하게 살아가는 사람, 혹은 뭔가 도전은 해보지만 뜻대로 되지 않는 사람이 현재 우리 사회에 적지 않다. 심지어 유명 대학을 졸업한 덕분에 취직도 잘했고 돈도 잘 벌게 되었으나 불행하다고 느끼며 사는 사람도 있다. 언젠가는 깜깜한 터널에서 벗어나리라는 희망으로 한 줄기 빛에 의지해 달려온 결과가 그렇다.

왜 이런 상황이 벌어지는 것일까. 자기 스스로 구체적인 목표를 설정하고 단계적 계획을 수립해본 경험이 별로 없어서다. 부모 손에 이끌려 학교와 학원을 오가며 이뤄낸 성취는 그들에게 진짜 열정이나 진지한 관심을 키워주지 못했다.

재미있는 사실은 열정의 불씨는 아무것도 시도하지 않고 가만히 있을 때, 즉 무기력할 때 완전히 꺼져버린다는 점이다. '실패'는 열정을 잠시 누그러뜨릴지언정 그 불씨를 아예 꺼뜨리지는 않는다. 다시 말해 무기력은 열정에 치명적이다.

그렇다면 무기력에서 벗어날 방법이 있을까? 있다! 일단 시작하는 것이다. 시작이 반이라는 말은 과장이 아니다. '자이가

르니크 효과(Zeigarnik Effect)'가 바로 그것이다.

1920년대 러시아의 심리학자 블루마 자이가르니크(Bluma Zeigarnik)가 오스트리아 빈의 카페에 앉아 있다가 웨이터들에게서 특이한 현상을 하나 관찰한다. 손님이 계산을 완료하기 전까지는 주문받은 내용을 아주 잘 기억했지만, 손님이 계산을 마치고 나면 주문받은 내용을 잘 기억하지 못한다는 점이었다.

자이가르니크는 여기에 착안해, 사람들이 과제를 완수했을 때와 중단했을 때를 비교하는 실험을 했다. 실험 결과, 웨이터들과 마찬가지로 과제를 완수하지 못한 사람들이 세부 내용을 더 잘 기억한다는 사실을 알아냈다.

자이가르니크는 실험 결과를 이렇게 설명했다. 사람들은 어떤 활동을 시작하면 그것을 끝내야 한다는 심리적 불안을 겪고, 이런 불안이 과제에 집중하게 만들며 과제의 내용을 계속 상기시키는 역할을 한다. 누구나 일단 뭔가를 시작하면 그것을 끝까지 해내려는 본능이 작용한다는 해석이었다.

그러니 무기력을 털어내기 위해 거창한 방법을 찾아다닐 필요는 없다. 그저 시작만 하면 되는 거다. 단 몇 분이라도 그 일을 하면 된다. 우리 뇌에 약간의 불안감만 넣어주면 목표 완수를 향한 열정이 되살아난다. 그렇게 하나의 과제를 끝내면 해냈다는 성취감과 기분 좋은 느낌이 보상으로 주어져, 또 다른 목표를 세우고 계획을 세우는 일에 기꺼이 뛰어들게 만든다.

사람들이 게임에 열광하는 까닭은 과제 완수라는 즉각적 보상에 따른 즐거움 때문이다. 이렇듯 즉각적 보상, 즉 과제 완수의 기쁨을 반복적으로 누리다보면 어느새 무기력에서 빠져나온 우리 자신을 확인하게 될 것이다.

—

무기력에 빠진 것인가, 아니면 절망에 빠진 것인가? 단지 무력감을 느끼는 것이라면 뭔가 '시작하는' 것만으로도 이전의 열정을 회복할 수 있다. 만약 절망에 빠진 것이라면 대인관계부터 점검해보라. 세상을 향해 불평만 쏟아내지 마라. 세상의 온갖 문제는 당신만이 아니라 다른 사람에게도 동일하게 영향을 미친다. 자신이 겪는 어려움을 세상 탓으로만 여긴다면 자신의 문제를 부정한다는 의미이며, 그로 인해 지독한 절망감에 사로잡힐 수 있다.

2장...,

당신의 기억을
믿지 마라

불행한 과거 기억에서 벗어나기

내일에 아무 도움이 되지 않는다면
당신의 과거는 쫓아버려라.   윌리엄 오슬러

현재 어떤 감정에 빠져 있느냐에 따라 소환하는 기억도 달라진다. 지금 암울한 기분이라면 행복했던 기억은 떠올리기가 힘들다. 미래까지 암울하게 상상한다. 얼마 전 결혼 10년차가 된 태용 씨도 그랬다.

태용 씨는 공황 증상 때문에 내담한 것이지만 그 기저에는 깊은 우울증이 자리 잡고 있었다. 자신의 결혼생활은 온통 고통뿐이었다며 어둡게 기억했고 아내에 대한 원망도 컸다. 즐거운 기억은 좀처럼 떠올리지 못했고 억지로 기억해낸다 해도 그 순간의 행복감까지 추억하지는 못했다. 편향된 기억이 우울증을 심화했고 공황 증상까지 일으켰다.

과거를 미화하지도
오독하지도 말 것

—

태용 씨는 대학을 졸업하고 취업 준비를 하다 뜻대로 되지 않자 공무원 시험으로 선회했다. 그 무렵 아내를 만나 사귀던 중 아기가 생겨 준비 없이 결혼을 해야 했다. 양가 부모의 재정적 지원을 받으며 공무원 시험 준비를 이어갔지만 연이어 낙방했다. 자괴감이 커지고 자존심에도 큰 상처를 입었다.

　나이가 들어 결국 공무원 시험은 포기하고 아버지가 운영하는 사업체에 들어가 일했다. 그러나 그 사업체도 몇 년 안 돼 문을 닫게 된다. 다시 자영업에 뛰어들었으나 그마저 1년 만에 폐업했고, 몇 달 전부터는 아파트 관리용역 업체에서 일하고 있다고 했다. 그런데 아파트 주민들이 그에게 불평이나 항의를 할 때마다 호흡곤란 증상이 나타나더니, 언젠가부터 증상이 매우 잦아졌다.

부부 사이에 금이 가면서 가정불화도 끊이지 않았다. 그의 아내 역시 늘 불만에 차 있었다. 그녀도 갑작스러운 결혼으로 인생이 꼬인 거라 믿었고 결혼한 후에는 자주 남편의 무능력을 탓했다. 거의 매일 부부싸움을 했고, 급기야 아이들까지 불안정한 정서 상태를 보였다. 나쁜 일이 쌓이고 쌓여 총체적 난국이 된 것이다.

태용 씨는 자신의 과거를 이렇게 회상했다.

"학생 때는 그런대로 공부를 잘했어요. 그래서 나중에 어른이 되면 꽤 잘살 줄 알았죠. 그렇다고 행복했던 건 아니었습니다. 부모님 손에 이끌려 학원만 다니는 인생이 뭐 즐거울 리 없잖아요. 부모님이 빠듯한 형편에서 적지 않은 돈을 들이며 공부를 시켜주신 거라 여러모로 부담이었죠. 해야 하는 거니까 했고, 성적도 어느 정도 잘 나왔으니까 그때만 해도 미래를 어둡게 생각하지는 않았어요. 대기업 사원이나 공무원 정도는 가능할 거라 믿었죠. 그런데 지금 전 아파트 관리사무소에서 소장 눈치 보고 주민들 눈치 보며 살고 있네요. 내가 버는 돈으로 애들 공부나 제대로 시킬 수 있을지 모르겠어요. 결혼 후 어디 눈치 안 본 데가 없는 것 같아요. 부모님 눈치, 아내 눈치, 처갓집 눈치……. 그런데 지금 상태로는 이 일도 제대로 못해낼 것 같습니다. 이제 내가 할 수 있는 일은 그 어디에도 없는 것만 같아요. 사람들 만나기도 두렵습니다."

태용 씨도 그렇지만, 우울증을 겪는 사람들은 대개 과거에 겪은 일들을 비관적으로만 해석한다. 심지어 자기 인생 자체를 비관적으로 본다. 그들이라고 해서 왜 행복한 순간이 없었을까. 다만 그런 기억을 쉽게 떠올리지 못할 뿐이다.

이런 감정 상태에서 이루어지는 선택이나 결정은 아무래도 부정적으로 편향될 수밖에 없다. 인생의 진정한 주인으로 살려면 무엇이 가장 유리한 일인지 합리적으로 판단할 수 있어야 하는데 현재의 고통스러운 감정을 기준으로 생각하다보면 자기파괴적 선택을 하기 십상이다.

우리 뇌는
착각과 속임수의 대가

치매를 염려한 노인들이 관련 검사를 위해 내원하는 경우가 있다. 이들은 자신의 기억력이 예전만 못하고 방금 한 일도 잘 기억하지 못하는 데 심한 불안감을 느낀다. 그러나 이런 걱정을 하면서 오는 노인들은 대개 치매가 아니다. 그보다는 우울증으로 진단되는 경우가 많다.

사실 치매 환자는 자신의 기억이 비어 있다는 것조차 인식하지 못한다. 그래서 그들은 자신의 기억이 비어 있음을 오히려 부정한다. 치매 환자는 지인을 알아보지 못하면 기억나지 않는다는 사실을 괴로워하는 대신, 얼버무리며 아는 체하거나 다른 사람 이름이라도 댄다. 치매의 여러 증상 중 하나인 '작화증(confabulation)'이다.

작화증에서도 드러나듯이 우리 뇌는 속임수의 대가다. 어릴 적, 흰 종이에 두 점을 20센티미터 정도 간격으로 찍어놓고 한쪽 눈을 가린 채 둘 중 한 점을 응시한 상태로 종이를 얼굴 가까이로 가져오는 실험을 해봤을 것이다. 그러면 응시하지 않은 나머지 한 점이 없어지는 신기한 경험을 하게 된다. 바로 맹점 때문이다.

우리 눈에 맹점이 있어 상이 맺히지 못하는 것이라면, 왜 아예 아무것도 안 보이는 게 아니라 점만 사라진 채 하얀색 종이는 보이는 것일까? 그건 우리 뇌가 요술을 부리기 때문이다. 뇌는 비어 있는 것을 싫어한다. 그래서 그 부분을 그대로 비워두지 않고 주변 정보 혹은 기존 정보를 참고해 그럴듯하게 메워버린다. 그래서 점은 사라져도 흰 종이는 보인다.

뇌가 이러는 데는 생물학적 이유도 있다. 우리 뇌는 용량이 한정되어 있어 모든 정보를 다 받아들여 저장해놓을 수가 없다. 한정된 정보를 받아들이되 이를 바탕으로 정보를 재구성하도록 진화한 것이 바로 우리의 뇌다.

기억도 뇌가 재구성하는 한정된 정보의 일부다. 그러므로 지나간 일을 모두 제대로 기억하기란 애초 불가능하다. 우리 뇌를 대신해 수십 테라바이트 용량의 저장 장치를 지니고 다니지 않는 이상 뇌는 필요한 것만 압축해서 저장한다. 과거를 기억해낼 때도 어떤 자극으로 인해 중요한 감정과 사건이 떠오르면 순식간에 그 정보를 토대로 기억의 서사를 재구성한다.

우리의 회상은 그런 의미에서 허구다. 이를테면 10년 전 여행에서 소환해낸 장면이나 경치는 어쩌면 TV나 책에서 본 가장 보편적인 이미지를 차용해 새로 구성한 것일지 모른다. 그러나 우리 자신은 뇌가 이런 방식으로 정보를 재구성했다는 것을 전혀 의식하지 못하며 그 기억이 정확하다고 확신한다.

그래도 '내 기억력은 누구보다 좋아'라고 확신한다면, 다음에 열거한 단어들을 한번 읽어보라.

간호사	가운	흰색	청진기
병	환자	병원	소독약
주사	진찰	거부감	수술

이 단어들을 읽었다면 이제 그 단어들을 손으로 가려보자. 그리고 이 질문에 답해보자. "다음 보기에서 앞서 열거되지 않았던 단어는?"

<보기> 가운, 의사, 진찰, 자동차

당신은 아마 자신 있게 '자동차'를 골랐을 것이다. 하지만 '의사'라는 단어도 없었는데, 혹시 알아차렸는가? 자, 이제 다음 단어들도 읽어보라.

경찰	검은색	복면	강도
밤	훔치다	집	열쇠
담	물건	돈	방망이

손으로 가린 뒤 아래 보기의 단어들 중 위에 없었던 것을 찾

아보자.

<보기> 도둑, 경찰, 복면, 의사

역시 '의사'를 골랐을 것이다. 혹 '도둑'이라는 단어도 찾았는가? 이미 이 테스트의 패턴을 알고 있을지라도 '도둑'을 얼른 찾아내는 경우는 많지 않다.

이 테스트는 'DRM 패러다임(Deese-Roediger-McDermott Paradigm)'이라 불리는데, 대단히 많은 사람을 대상으로 테스트를 수행해본 결과, 대개 사람들은 못 본 단어를 봤다고 주장하며, 그것도 막연히 기억하는 게 아니라 분명히 봤다며 자신의 기억을 확신했다.

이렇듯 우리 뇌는 착각을 반복한다. 이는 우리 뇌가 각각의 단어를 기억 속에 저장해두는 게 아니라 핵심 내용이나 관련성만 일단 저장해두기 때문이다. 그래서 어떤 신호가 주어졌을 때 그 신호와 관련된 핵심 내용만 떠올리고 나머지는 그럴듯하게 배경을 꾸며낸 뒤 그것이 진실이라고 믿어버린다. 우리 뇌의 중요한 기능인 이 '채워넣기' 현상이 과거에 대한 기억을 왜곡하는 것이다.

잠시.., 생각할 시간이 필요해

기억을 관장하는 부위인 해마(hippocampus)는 감정 조절과 관련된 부위인 편도체(amygdala) 바로 옆에 있다. 그 때문에 기억과 감정은 매우 밀접하게 연결된다. 다시 말해, 강한 감정을 느낀 사건은 더 세세한 기억을 새기지만, 그렇지 않은 사건은 핵심만 저장하고 나머지는 알아서 메우도록 한다.

'감정'이 '기억'을 꾸며내지 않도록……

나는 2001년 9월 11일 밤, 어디서 무얼 하고 있었는지 기억하지만 그다음 달 11일에는 어디서 무얼 했는지 정확히 기억하지 못한다. 2001년 9월 11일 밤에는 거실 소파에 앉아 TV로 정체불명의 비행기가 세계무역센터 건물을 뚫고 지나가는 무시무시한 장면을 뉴스를 통해 보고 또 보고 있었다.

하지만 나의 이런 명확한 기억도 질적 측면에서 '최상'은 아니다. 한 연구에 따르면, 9·11 테러 당시 그라운드 제로에서 3킬로미터 이내에 있었느냐 없었느냐에 따라 기억의 질이 확연히 달라진다고 하니 말이다. 3킬로미터 내에 있었던 사람들은 스트레스 호르몬 수치가 인생 최고 수준으로 치솟았을 것이고, 따라서 뇌의 편도체도 거기 민감하게 반응해 세세한 풍경을 기억 속에 아로새겼을 것이다.

어떤 강력한 감정 상태에 있다면 그 감정과 관련된 기억만 호출된다. 다른 감정을 느낀 사건들도 있었다는 건 얼른 떠올리기가 힘들다. 마트 계산대 앞에 줄설 때를 생각해보라. '왜 내가 선 줄이 항상 가장 늦게 줄어들까?' 하며 자주 불평하지 않는가? 그래서 재빨리 옆줄로 옮겼는데 이번에는 막 계산을 마친 아주머니가 적립카드를 찾는다며 가방의 내용물을 다 꺼내놓더니 아예 가방 안으로 들어갈 기세다. '미리 좀 준비하라고, 이 아줌마야!' 마음속으로 열두 번쯤 고함을 쳐보다가, 이내 또다시 탄식이 이어진다. '왜 내가 선 줄만 매번 느린 걸까.'

이 현상에는 두 가지 원인이 작용한다. 하나는 역시 당신은 불운의 아이콘이기 때문이다. 그러나 안심해도 좋다. 이게 사실일 가능성은 거의 없으니까. 그렇다면 무엇 때문인가. 바로 당신이 잘못 기억하고 있어서다.

학습이나 기억 기능과 관련된 우리 뇌의 편도체는 짜증나는 상황에 유독 민감하게 반응하기 때문에 바로 그런 기억만 깊숙

잠시... 생각할 시간이 필요해

이 아로새겨둔다. 계산대를 재빨리 통과해 기분 좋았던 적도 물론 많았는데, 당신의 뇌는 기분 나쁜 상황만 유독 기억에 남겨둔 것이다.

유사한 사례는 많다. 귀가 시간 아파트 엘리베이터를 타려고 할 때도 마찬가지 아닌가. 왜 내가 타려고만 하면 엘리베이터는 저 높이 올라가고 있는 걸까? 혹시 고층에 사는 누군가가 나를 골탕 먹이려고 내가 오는 모습을 가만히 지켜보고 있다가 내가 현관에 들어서기 직전 엘리베이터 호출 버튼을 누르는 건 아닐까?

이런 생각이 들 때도 역시나 가장 좋은 방법은 일단 그 기억을 '의심'해보는 것이다. 인간의 뇌가 수백만 년간 반복해온 원시적 방식대로 감정적으로 꾸며대도록 놓아두지 말고 이성이 기억을 관장하도록 해야 한다. 물론 말처럼 쉬운 일은 아니다. 입술을 깨물어야 할 정도로 힘겨울 수도 있다.

부정적 편향에 따라 감정을 표출하고 싶어하는 뇌의 원시적 본능은 선사시대에는 어느 정도 쓸모 있었을지 몰라도 오늘날과 같은 시대에는 별로 실질적 도움을 주지 못한다. 상대방을 공격하거나 복수를 감행했을 때의 쾌감이 미래의 인생과 맞바꿀 만큼 가치가 크다고 확신하지 않는 이상, 하려던 행동을 멈

춰라. 그리고 현재의 그 감정에서 멀어져 잠시 생각할 시간을 의식적으로 가져보라. 그런 다음 당신이 하려던 행동의 결과를 구체적으로 예상해보라. 이제 당신에게 돌아올 이익 혹은 손실을 좀 더 정확히 계산할 수 있을 것이다.

즐거운 기억으로 현 상황을 뒤집어보기

다시 태용 씨의 이야기로 돌아가보자. 상담 초기에 그는 과거의 좋았던 기억을 떠올리는 데 심한 저항감을 보였다.

"그런 거 기억해봐야 무슨 소용입니까?"

하지만 이후 얼마 동안 약물 치료를 병행하며 상담을 이어가면서 점차 마음이 안정되자 아내와의 추억이나 가정에서 좋았던 시간도 떠올리곤 했다. 그럼에도 그 행복을 이어나가지 못한 원인은 아내에게 있다는 생각이 여전했다. 아내가 임신만 하지 않았더라면 공무원 시험 준비를 계속할 수 있었을 것이라며 결혼 자체를 후회했다.

"시험에 떨어지면서 태용 씨 상심이 컸을 거예요. 실패를 경험했을 때 우리는 그 원인을 우선 외부에서 찾으려는 심리적 속성이 있죠. 자기 자신에게 화살을 돌리면 너무 아프니까요. 하지만 사실을 냉철하게 진단하지 않으면 계속해서 어두운 생각만 하게 됩니다. 이성적으로 따져보자면, 태용 씨가 공무원 시험에 낙방한 건 아내의 임신 탓도 갑작스러운 결혼 탓도 아닙니다. 인정하고 싶지 않겠지만, 어쨌거나 남들보다 공부가 부족했기 때문에 떨어진 거 아닐까요. 하지만 정말 중요한 건 시험에 떨어졌다는 사실이 아닙니다. 시험에 떨어져서 불행하다고 생각하는 게 태용 씨가 겪는 어려움의 근본 원인일 수 있습니다. 생각해보세요. 대기업에 입사한다거나 공무원이 된다고 해서 행복해지는 건 아니거든요. 단적인 예로, 여기 치료받으러 오는 환자들 중에는 공무원도 있고 대기업 사원도 있어요. 바꿀 수 없는 과거를 붙잡고 현재를 부정하는 것이 태용 씨를 더 힘들게 하는 건 아닐까요? 아무리 후회한들 과거를 바꿀 수는 없는데도 말입니다. 지금 태용 씨가 처한 조건을 '객관적'으로 볼 필요가 있어요. 그런 다음 그 조건에서 더 행복해질 방법을 모색해보는 게 현명하지 않을까요."

나는 그에게 후회하는 마음이나 지나치게 부정적인 감정은 잠시 떨쳐내고 현재 상황을 '사실' 중심으로 객관적으로 평가해보라고 했다. 현 상황의 긍정적 측면을 생각해보고 거기에 집중하는 게 좋겠다는 조언이었다. 그런 이야기를 나누며 짧지 않은 시간 태용 씨를 만났다. 어느 날 그가 말했다.

"며칠 전 아이들이랑 아내랑 외식을 했어요. 고기를 구워먹는데 불현듯 '비록 아파트 관리사무소라도 내가 어엿한 직장에 다니며 일을 하고 있으니 우리 애들에게 고기라도 사먹일 수 있는 거구나' 싶었어요. 더는 욕심부리지 않기로 했습니다. 며칠 동안 생각을 많이 했어요. 내가 여기서 조금이라도 나아지는 길이 뭔가 고민하다가 주택관리사 자격증을 따야겠다 싶더군요. 자격증이 있으면 월급을 더 받을 수 있다네요. 승진도 빨라진다고 하고⋯⋯. 가만 생각해보니 스펙 쌓기야말로 제가 잘하는 일 중 하나더라고요. 시험 준비를 워낙 많이 해봐서. 그동안 아내에게 미안하다는 말을 하긴 했어도 진심을 담아서 한 적은 없었거든요. 며칠 전 함께 외식을 하고 그날은 진심으로 아내에게 사과를 했어요. 아내에게 진짜 미안한 마음이 들더라고요."

태용 씨는 차츰 마음의 중심을 잡아가는 것 같았다. 지난 나날을 좀 더 냉철하게 볼 수 있는 눈이 생긴 것이다.

유사한 사례가 하나 더 있는데, 20대 남성 기철 씨의 이야기다. 무척이나 초췌한 모습으로 나타난 기철 씨는 고아원에서 자랐다고 했다. 18세가 되자 그곳을 나와 독립해야 했는데 그 과정이 순탄치 않았던 모양이다. 가진 돈이 없어 노숙을 할 때도 있었고, 하루하루 힘겨운 노동을 하며 근근이 버텼다고 한다. 몇 년을 고생하다 어느 정도 자리를 잡은 뒤 부모님을 찾아보았는데, 어머니는 이미 사망했고 아버지는 같은 도시에 살고 있었다. 아버지를 만난다 생각하니 처음에는 기대가 컸지만 이내 실망으로 바뀌고 말았다. 아버지가 아들을 고아원으로 보낸 데 대한 사과는커녕 다짜고짜 돈을 달라고 요구했던 것이다. 알고 보니 아버지에게는 사기 전과도 있었다.

인생의 유일한 기대가 무너진 기철 씨는 아마 이때부터 우울증을 앓게 된 것 같다고 했다. 인생이 칠흑 같은 어둠속에 빠진 듯 느껴졌다. 앞으로 나아질 기미도 보이지 않았다. 머릿속이 '죽어버려야지' 하는 생각으로 가득 찼다. 고아원에서 보낸 나날이 갑자기 끔찍한 기억으로 느껴졌다. 뜻밖의 충격으로 감정이 상한 기철 씨도 어느새 자신의 좋았던 기억마저 왜곡하게 된 것이다.

"고아원 생활을 기억에서 도려내고 싶을 정도인 걸 보면 아버지와의 만남이 기철 씨에게 충격과 아픔을 준 건 맞습니다.

부모로부터 버림받았다는 사실은 누가 뭐라든 불행한 일이고 아픈 일입니다. 하지만 생각을 뒤집어봅시다. 즉 기철 씨가 고아원에서 자란 건 어떤 의미에서는 천만다행일 수도 있지 않나 하고 생각을 역전시켜보자는 겁니다. 물론 책임감 있는 부모를 만나 그분들의 보살핌을 받으며 유복하게 자랐다면 더없이 좋았을 겁니다. 안타깝게도 현실은 그렇지 못했어요. 만약 기철 씨가 고아원에서 자라지 않고 사기 전과가 있는 아버지와 함께 살았다면 어땠을까요? 그렇게 한번 가정을 해보시면……."

"그랬다면 제 상황은 훨씬 더 끔찍했을 것 같긴 하네요."

불행한 시절로만 기억하던 고아원 생활이 실은 최악의 상황을 모면하게 해준 것일지 모른다고 슬쩍 힌트를 준 까닭은, 그가 현재 '최악이라고 생각하는' 그 상황을 뒤집어보게 하려는 의도였다. 나의 힌트가 조금은 도움이 되었는지 기철 씨도 나중에는 고아원 시절을 어둡게만 기억하지 않고 즐거운 추억도 하나둘 떠올릴 수 있게 되었다. 그 '좋았던' 기억들이 기철 씨가 겪는 우울증을 점차 누그러뜨렸다. 좋은 기억은 그만큼 효과 좋은 약이다.

감정과 기억은 밀접한 관련이 있다. 특정한 감정에 사로잡히면 그 감정과 연관된 기억이 더 잘 떠오른다. 그러나 소환한 기억이 왜곡되었을 가능성을 늘 상기하라. 우울한 기분에 잠겼을 때는 부정적인 기억이 먼저 소환되고 그 부정적 기억이 다시금 우울증을 깊어지게 할 수 있다.

부정적 기억의 고리를 끊어내려면 당신을 사로잡고 있는 현재의 그 감정에서 한 발 물러서야 한다. 어쩌다보니 나쁜 기억을 소환하게 된 것이라면, 과거를 현재의 감정으로 채색하거나 덧칠하지 말고 그 부정적 경험을 통해 당신이 무엇을 얻었는지 생각해보라.

3장...,

미래가
불안하다는
당신에게

잘못된 미래의 상상에서 벗어나기

마음은 결코
고요히 있는 법이 없다.　　- 파울로 코엘료

우울감과 수면장애를 겪던 20대 여성 은영 씨는 갓난아기였을 때 부모가 이혼해 어머니 얼굴도 모른 채 형제자매도 없이 외롭게 할머니 손에 자랐다. 아버지가 계셨지만 최근 돌아가셨고 그 뒤로는 철저히 혼자가 된 느낌이라고 했다. 남자친구가 있는데 이전에 연애 실패 경험이 있어 그와의 관계에서도 확신을 갖지 못했다. 은영 씨는 감정기복이 심한 편이었고 실제로 충동조절이 잘 안 된다고 고백했다.

"제가 봐도 전 성격이 좀 이상해요. 짜증이 잘 나고 감정 기복이 심해요. 그래선지 남자친구를 사귈 때도 어느 정도 시간이 지나면 제 성격이 이상하다며 다 떠나가더라고요. 현재 남자친구는 이런 제 성격을 잘 받아줘요. 하지만 언젠가는 그 역시 떠나갈 거라는 불안감이 있어요."

멀리 있는 것이
희미해 보이는 건 당연하다

인간은 유기(遺棄), 곧 버려지는 데 대한 불안을 유전자에 새긴 채 태어난다. 적자생존의 사회에서 버려진다는 것은 곧 죽음을 의미했다. 그래서 우리 뇌는 유기당하지 않는 데 필요한 애정을 확보하고자 하는 메커니즘을 진화시켰다. 그런데 애정을 얻는 일은 그리 간단치 않다. 이를테면, 우선 착한 사람으로 비쳐야 다른 이의 호감을 얻을 수 있다. 남들의 취향이나 선호를 먼저 생각하고 맞춰줘야 그로부터 애정을 확보할 수 있다는 뜻이다.

이런 까닭에 인간은 다른 이의 애정을 확보하려 스스로를 위장하게 되고 그러다보면 어느 시점부터는 분노를 억압하게 된다. 남의 시선에 맞춰 사느라 자기 인생의 주인이 되지 못한다고 해야 할까. 은영 씨도 이런 유형이 아닌가 짐작되었다.

"남들한테 잘해주려고 애쓰는 편이시죠?"

"네. 다른 사람에게 맞추는 편이에요. 그래서 처음에는 사람들이 저더러 착하다고 해요. 그런데 시간이 지나 익숙해졌다 싶으면 저도 모르게 상대에게 짜증을 내더라고요. 안 그러려고 하는데도 스트레스를 받으면 참기가 힘들어요."

그녀는 자신의 현실, '이 세상에 나 혼자뿐'이라는 그 현실이 늘상 힘거웠다. 그래서 '혼자'가 아니라는 사실을 확인하고자 노력하게 되고 그 한 방법이 다른 사람한테 맞추며 자신의 욕구를 억누르는 것인데, 그런 노력이 오래가지는 못했다. 그리하여 다시금 '결국 나는 혼자'라는 생각에 시달리게 되었다. 자신의 불행한 조건이 미래에도 바뀌지 않을 것 같아 암담하고, 지금처럼 미래에도 항상 외로울 것만 같다고……

앞서 우리 뇌가 기억을 재구성하는 과정에서 왜곡이 일어난다고 했는데, 뇌의 교묘한 속임수는 미래를 상상할 때도 작동한다. 그래서 아주 당연하면서도 중요한 몇 가지 사실을 '누락'시킨다. 우리가 무엇을 누락시키며 사는지만 확인해도 우리는 조금 더 객관적으로 미래를 볼 수 있다.

생각의 오류,
우리 뇌가 누락시키는 것

로마 시대의 정치가 키케로(Marcus Tullius Cicero)가 전해주는 이야기다. 항해를 하다 폭풍우를 만난 선원들이 신께 열심히 기도한 덕분에 무사히 살아남았다. 이 뱃사람들은 살아남은 자들의 초상화를 내걸고 깊은 신앙심으로 살아났다며 자랑했다. 마을을 지나가던 한 나그네가 갸우뚱하며 물었다.

"기도를 열심히 하고도 물에 빠져 죽은 자들의 초상화는 어디 있소?"

기적을 말하던 자들이 머쓱해하며 대답을 하지 못했다. 그 선원들은 이른바 '통계의 오류'를 범한 것이다. 그들은 '기도를 했지만 살아남지 못한 자들'을 누락시켰다.

이러한 통계적 오류는 오래전 로마 시대의 뱃사람들만 범하는 게 아니다. 수험생 부모를 생각해보자. 이들은 자녀들의 성적을 올릴 방법을 주로 외부에서 찾는다. 이를테면 우등생이 쓰는 방법을 따라하는 식이다. 우등생이 다니는 강남의 유명 학원에 보내고 고액의 과외 선생을 붙인다. 그들 역시 '우등생이 쓰

잠시... 생각할 시간이 필요해

는 방법을 썼는데도 실패한 학생'에 관한 통계는 고려하지 않는 것이다.

왜 이런 일이 벌어질까? 결과가 좋지 않게 나온 경우 그 당사자들은 자신의 경험담을 자랑하지 않을뿐더러, 그런 사람들에게는 아무도 관심을 갖지 않기 때문이다. 만일 모르는 사이 누락되고 있는 그런 통계까지 모두 고려한다면 대단해 보이던 방법들도 한순간 평범해질 수 있다.

앞서 2장에서 살펴본 것처럼, 과거를 기억할 때 우리 뇌는 '채워넣기' 속임수를 쓴다. 그런데 우리 뇌는 채워넣는 것뿐 아니라 빠뜨리는 데도 이렇듯 재주가 많다. 보고 싶은 것만 보는 생각의 오류가 낳는 현상이다.

버지니아 대학의 사회심리학자이자 《나는 내가 낯설다 (Strangers to Ourselves)》의 저자 티모시 윌슨(Timothy D. Wilson)과 동료들은 라이벌 대학과의 풋볼 시합을 앞둔 학생들을 모아놓고 승패가 가려진 뒤 자신이 어떤 기분일지 예측해보도록 하는 심리실험을 실시했다.

연구진은 실험 대상을 두 집단으로 나누어 설문을 실시했는데, 한 집단에는 "승패가 가려진 뒤 어떤 기분일 것 같은가?" 하는 질문을 하면서 자신의 평소 일상을 함께 묘사하도록 했고,

다른 집단에는 승패가 가려진 뒤 어떤 기분일 것 같은지 예측해보라는 그 질문만 던졌다.

설문과 응답이 끝나 연구진이 두 집단의 응답 내용을 분석해봤다. 일상을 함께 묘사했던 집단에서는 승리의 기쁨도 실패로 인한 낙담도 그리 크지 않을 것이라고 답변했다. 반면 일상을 묘사하라는 요구를 받지 않았던 집단은 그 경기 결과가 자신들의 감정에 큰 영향을 미쳐 며칠 동안 괴로울 것이라고 답변했다.

실험 주최자의 질문에 답할 때 며칠 후의 일상을 떠올렸던 학생들은 승리에 도취되든 패배에 낙담하든 어쨌든 일상으로 돌아가면 풋볼 경기 결과와는 상관없이 친구들과 놀고 시험공부를 하게 되리라는 사실을 '간과하지 않을 수' 있었다. 하지만 승리 혹은 패배 직후의 기분에 관해서만 질문받은 집단의 응답자들은 설문 조사 당시의 기준 곧 '승패'라는 단 한 가지 요인만 고려해서 미래를 예상했다.

가까이 있는 사물은 세세히 관찰할 수 있지만 멀리 떨어진 사물은 희미하다. 미래는 멀리 있다. 그러니 희미할 수밖에 없다. 당장 내일이 결혼식인 사람들에게 '결혼'에 대해 물으면 웨딩드레스나 피로연이나 하객 등 자세하고 구체적인 묘사를 하겠지만, 결혼식을 몇 달 앞둔 사람들은 결혼의 본질이니 결혼의 의미니 하는 추상적인 대답을 할 뿐이다.

기분 좋은 날을 상상해보라고 요구하고는, "그게 만약 내일이라면?"하고 덧붙인다면 세세한 묘사가 가능하다.

"정시에 퇴근해 친구랑 근사한 레스토랑에 가서 저녁 먹고 영화 볼 거예요."

그러나 만약 '1년 뒤의 기분 좋은 날'을 상상해보라고 한다면 어떨까?

"음…… 뭔가 좋은 일이 있겠죠. 혹시 남자친구가 생기지 않았을까요?"

이런 식으로 두루뭉술한 대답이 나오기 쉽다. 그런데 놀라운 것은, 이렇게 모호하고 허술하게 미래를 예상하면서도 그에 대해 한 조각의 의심도 없이 마치 내일 일을 예상하듯 미래에 대해서도 쉽게 장담한다는 점이다.

우리 뇌는 터무니없는 예측을 하고 또 많은 당연한 것들을 누락시키면서도 그 사실을 전혀 인식하지 못한다. 뇌의 그런 멍청함 덕분에 어떤 젊은이는 현재 사랑하는 사람의 이름을 문신으로 새기고는 나중에는 그 일을 후회하기도 한다. 뇌의 그런 '누락' 덕분에 우리는 해마다 여름이면 그 지긋지긋한 교통체증을 또다시 견디며 휴가를 떠나는 것이다.

우리 마음은 순간순간 변한다. 이랬다저랬다 한다. 그게 마음의 본질이다. 당신이 일상생활에서 하는 굳은 결심이 잘 지켜지지 않는 이유도 그래서다. '다이어트를 해야겠어'라는 추상적 결심은 이내 흔들리고 만다. 세상에는 맛있는 음식이 너무 많고 나를 자극하는 냄새가 넘실대기 때문이다. 그나마 결심을 지키려면 앞서도 강조했듯이 구체적인 결심을 해야 한다. 미래에 변해버릴지 모르는 내 마음을 좀 더 구체적으로 예상해봐야 한다는 이야기다.

생각의 빈자리
메워주기

은영 씨의 어려움은 분명히 존재하는 기정사실을 누락시킴으로써 실제보다 더 암울하게 자신의 미래를 예상한다는 점에서 비롯되었다. 그녀는 자신이 혼자라는 사실을 오로지 부정적으로만 받아들이고 있었다.

"당신이 어린아이라면 혼자라는 사실은 어마어마한 불행이겠지요. 하지만 당신은 지금 어른이고, 그렇기 때문에, 솔직히 말해 혼자라서 좋은 점도 많지 않나요?"

"아, 그렇게 생각해볼 수도 있겠네요. 그런 생각은 한 번도 해보지 않았지만요. 그런데 실은 제가 지금 불행한 이유는 또 있어요. 경제적으로도 완전 바닥이거든요. 아버지가 돌아가시기 전에 오랫동안 아프셨어요. 병원비 마련하느라 모아놓은 돈이 없네요."

그녀의 사정이 이해가 되었다. 하나뿐이던 가족을 잃은 상실감, 그리고 혼자 남은 세상에서 가진 것 하나 없는 그 심정이 오죽하겠는가. 하지만 상담자로서 나는 좀 더 현실적인 조언을 해주어야 했다.

"사람들은 대개 바닥이라고 생각할 때, 즉 가장 힘들 때 포기를 해버리죠. 너무 힘드니까 그런 마음이 드는 건 당연해요. 하지만 의사로서 저는 그 점이 안타까워요. 왜냐하면 바닥에 있다는 건 더 내려갈 데가 없다는 뜻이기도 하니까요. 다시 말해 앞으로는 좋아질 일밖에 없다는 얘기지요. 생각을 조금만 뒤집어보면 '희망을 가지기에 가장 좋은 때'라고도 말할 수 있는데, 바로 그때 사람들은 가장 크게 비관합니다. 어찌 보면 별로 현명하지 않은 거죠. 진짜 바닥이라고 생각한다면, 그때야말로 포기하면 안 되는 거 아닐까요?"

사람들이 미래를 어둡게 보는 데는 '기준점 설정과 조정'이라 불리는 자동사고 과정이 관련된다. 노벨상을 수상한 심리학자 대니얼 카너먼(Daniel Kahneman)과 동료 연구자 아모스 트버스키(Amos Tversky)의 실험은 우리의 자동사고 과정이 얼마나 '오류투성이'인지를 보여준다.

사람들을 두 그룹으로 나눠 양쪽에 곱셈 암산 문제를 제시하면서 문제를 보자마자 재빨리 답하도록 했다. 단, 1번 그룹에는 '8×7×6×5×4×3×2×1'로, 2번 그룹에는 '1×2×3×4×5×6×7×8'로 문제를 약간 변형해 제시했다. 결과는 어땠을까? 참고로 정답은 40320이다. 그런데 1번 그룹 사람들이 답변한 계산의 평균치는 2250, 2번 그룹 사람들이 답변한 계산의 평균치는 512로 나타났다. 어느 쪽도 정답과는 거리가 멀지만, 두 그룹 간에 이토록 큰 수치 차이가 발생한 까닭은 무엇일까?

그 이유를 밝히는 열쇠는 바로 '어떤 정보를 먼저 접하느냐'에 있다. 즉 1번 그룹은 8, 7, 6과 같은 큰 숫자를 기준점으로 삼았기에 그 답변도 큰 값으로 나온 것이고, 2번 그룹은 1, 2, 3과 같은 작은 숫자를 기준점으로 삼았기에 답변으로 제시한 수치도 작은 값이었던 것이다.

이러한 자동사고 과정은 누군가를 만나 그 사람의 인상을 형성할 때도 마찬가지로 작동한다. 대니얼 카너먼은《생각에 관한 생각(Thinking, fast and slow)》에서 자동사고 과정의 사례를 다음과 같이 A와 B 두 사람에 대한 서술로 제시했다.

A: 지적이다 — 근면하다 — 충동적이다 — 고집스럽다 — 질투심이 많다

B: 질투심이 많다 — 고집스럽다 — 충동적이다 — 근면하다 — 지적이다

A와 B를 서술한 내용은 같다. 다만 표현의 순서만 다르다. 이렇게 A와 B 두 사람에 대해 서술하고 나서 두 사람 중 어느 쪽에 더 호감이 가는지 사람들에게 물으면 어떤 대답이 나올까. 응답자 대다수는 A에게서 더 긍정적 인상을 받는다고 답한다. 앞서 곱셈 문제를 대할 때처럼 어떤 정보를 '먼저' 접하느냐에 따라 다른 답이 나오는 것이다. 처음 접한 정보를 기준으로 삼아 뒤따라오는 정보를 재빨리 판단하기 때문에 같은 내용인데도 호감도에서 차이가 나는 것이다.

미래를 어둡고 비관적으로 보는 것 역시 잘못된 기준점 설정에 따른 자동사고 과정이 개입해서다. 즉 지금 우울한 사람들이 미래 또한 우울하게 예상하는 것이다. 왜냐하면 현재 자신의 상태와 기분을 '기준점'으로 삼기 때문이다. 그렇다면 문제를 해결할 길은 하나다. 객관적 사실을 직시하는 것, 다시 말해 잘못된 기준점을 올바르게 재설정하는 것이다.

부질없는 감정으로 마음을 낭비하지 마라

현재 어떤 상황에 처해 있든 간에 그 '상황'이 한 가지 현상만 나타내는 것은 아니다. 따라서 그 상황의 다른 측면을 보게 된다면 과거와 이어져 있는 불필요한 감정적 고리를 끊고 현재를 재해석할 수 있다. 그러면 미래에 대해서도 아주 다른 그림을 그릴 수 있게 된다. 어쩌면 뜻밖의 희망을 보게 될 수도 있다.

이를 어렵게 하는 것은 앞장에서 이미 서술했듯 우리가 가진 과거에 대한 기억이 매우 어설프고 또 왜곡되어 있어서다.

잠시… 생각할 시간이 필요해

과거에 대한 부정확한 기억이 우리의 현재 감정을 요동치게 만든다.

만약 누군가 당신에게 "시력을 잃어버린다면 어떨 것 같은가?"라는 질문을 던졌다고 해보자. 우리는 어쩌면 "세상이 끝난 느낌이겠죠" 하는 식으로 대답할 것이다. 수많은 다른 요인은 무시하고 오로지 '눈이 보이지 않는다'라는 사실 하나에 초점을 맞춰 대답하기 때문이다. 그러나 실상 대다수 맹인들은 세상이 끝난 듯 절망하는 삶을 살기보다는, 우리와 별반 다르지 않게 평범한 기분을 느끼며 일상을 살아간다.

맹인의 예시보다 조금 더 극단적인 가정을 한번 해보자.

"당신에게 자녀가 있는데 만약 그 아이가 세상을 떠난다면 어떨 것 같은가?"

이런 질문을 사람들에게 던지면 왜 하필 그런 지독한 질문을 하느냐며 원망을 듣기 십상이다. 하지만 가장 극단적인 질문을 해보는 것도 '잠시, 생각해보기' 전략의 하나로서 도움이 될 때가 있다.

실제로 우리 주위에는 자식을 잃은 부모가 없지 않다. 사람들은 자식을 먼저 저세상에 보내고 어떻게 살아갈 수 있을까 하지만 삶이란 그런 것이다. 자식을 먼저 떠나보낸 그들 역시 늘 해오던 일을 하고 또 수없이 많은 다른 경험이 인생에서 이어진다. 아무리 큰일을 겪는다 하더라도 다시 이런저런 경험을 하며 살다보면 긍정적 감정도 되살아나고 슬픈 감정은 조금씩 사그라진다. 혹 먼저 보낸 자식 말고 또 다른 자식이 있다면 그 아이로부터 위안과 일상을 이어나갈 힘을 얻기도 한다.

우리 뇌는 본능적으로 낙관적인 생각을 더 좋아하기 때문에 별다른 외부 자극이 없는 이상 늘 '낙관' 쪽으로 편향되어 있다. 뇌의 이런 긍정적 장치 덕분에 우리는 힘든 일을 겪고 나서도 조금씩 그 슬픔에서 벗어나 좋은 감정을 갖도록 유도된다. 그러나 이렇게 되기까지는 긴 시간이 필요하다.

이런 점에서 자식이 죽는 가장 고통스러운 상황도 단지 고통만 안겨주는 것은 아니라고 이야기할 수 있다. 먼저 간 아이가 남긴 추억을 간직하며 그리워하고 눈물도 흘리겠지만, 이 아픔을 통해 더 성숙한 삶을 살아가게 되었을 수 있다. 또 자신의 고통스러운 경험을 통해 다른 이의 고통을 더 깊이 이해하게 되지 않을까.

그리움은 평생 가겠지만 슬픔은 차츰 잦아든다. 계속 비탄에 잠겨 있기로 한다면 그것은 결코 우리 자신에게 유리한 선택이 아니다. 슬픔이 잦아들면 우리는 행복해지려 노력해야 한다.

잠시... 생각할 시간이 필요해

미래에 어떤 일이 벌어질지는 아무도 모른다. 현재 느끼는 감정이나 사건으로 정해지지 않은 미래를 단정짓지 마라. 만약 미래를 고통스럽게 상상하며 불안해하고 있다면 그건 '지금' 당신이 고통스럽고 불안하다는 뜻이다.

미래를 현실에 묶어두지 마라. 미래를 단 한 가지 모양으로 국한하지 말고 다양한 가능성을 고려해 예측해보라. 그래야 미래를 위한 유리한 선택이 가능하다.

비슷한 슬픔을 가진 사람끼리는
만나지 마라

우리나라는 2003년부터 2015년까지 12년째 OECD 국가 중 자살률 1위를 기록하고 있다. 그런데 여기서 특히 눈여겨볼 대목이 있다. 이 가운데 동반자살 비중이 매년 증가 추세를 걷고 있다는 점이다.

2016년 경북대 수사과학대학원 석사 과정 이호산 씨가 경찰청의 과학적 범죄분석 시스템(SCAS) 자료를 기반으로 쓴 학위논문 〈국내 동반자살 최근 10년간 동향〉에 따르면, 2006년 35명에 불과했던 동반자살 시도자 수는 2009년에 137명으로, 2015년에는 163명으로 급증했다. 이들 대부분은 온라인 동반자살 모임에서 만난 것으로 추정되었다.

꼭 동반자살까지 언급하지 않더라도, 사실 비슷한 아픔을 가진 사람들이 자주 만나는 것은 정서적 측면에서 그리 좋지 않다. 자칫하면 자신이 갖고 있던 편견이 강화되거나 잘못된 판단이 부추겨질 수 있기 때문이다.

뭉치면 용감해진다, 그리고 그건 위험하다!

———

MIT 대학 심리학과에서 석사 과정에 재학 중이던 제임스 스토너(James Stoner)는 1961년 '모험적 이행(risky shift)'이라 불리는 현상을 발견했다. 석사 학위 논문을 준비하던 스토너는 '아슬아슬하게 위험을 감수하는 사람들'을 연구했는데, 그러던 중 사람들은 집단에 속했을 때 더 위험한 결정을 내리는 경향이 있다는 생각을 하게 되었다. 이에 기반해 스토너는 실험을 하나 설계했다.

스토너는 인생의 딜레마가 가득한 여러 가지 시나리오를 단계별로 준비해 사람들에게 개인별·집단별 멘토 역할을 하도록 했다. 그런 다음 "작지만 일정한 수입이 있는 사람이 재능을 발휘하고 싶어 다른 일에 뛰어들고자 한다. 그럼 그는 일정한 수입을 포기해야 한다. 새로 시작한 일의 성공 가능성이 높지 않을 때 그는 어떤 선택을 하는 것이 좋을까?" 하는 질문을 던져 멘토로서 조언하게 했다.

보통의 경우 이런 질문이 개인에게 던져지면 자신의 성향에 따라 판단해 조언을 해주기 마련이다. 즉 평소 신중한 사람이라면 "성공 가능성이 높아지면 그때 도전하라" 하고 조언할 것이고, 인생에는 적당한 위험 감수도 필요하다고 보는 사람은 "가능성이 조금이라도 있다면 도전해보라"라고 조언할 것이다.

그런데 이 실험에서는 개인이 멘토링을 했을 때보다 집단이 멘토링을 했을 때 도전 내용의 위험 수준이 더 높았다. 집단으로 모여서 논의하고 결정할 때 사람들이 좀 더 용감해진다는 의미였다.

이후 후속 연구가 다양하게 진행되었는데, 대체로 스토너의 '모험적 이행'을 뒷받침하는 결과가 나타났다. 집단의 결정이 좀 더 위험한 쪽으로 혹은 극단적인 방향으로 기우는 이러

잠시…, 생각할 시간이 필요해

한 현상을 집단극단화 현상(Group Polarization)이라 한다.

똑똑한 사람들이 모이면 똑똑한 결론이 나는 걸까?

예전에 어느 온라인 주식투자 모임에 참여했을 때 나도 집단극
단화 현상을 직접 경험했다. 평소 나는 고위험 성향의 투자자가
아니었는데 그 모임에 들어가 여러 사람과 더불어 활동하면서
점점 공격적 투자 성향을 띠게 되었고 급기야 파생시장 투자에
까지 뛰어들었다. 결국 그 투자금은 고스란히 날렸다.

　마찬가지로 정치적으로 동일한 편견을 지닌 사람들이 모인
곳에 나간다든지 거칠고 폭력적인 놀이를 즐기는 청소년 모임
에 나간다든지 하면 아무래도 그 모임을 통해 자신의 견해나 취
미가 더 극단화될 수 있음을 경계해야 한다. 비슷한 사람끼리
모여 있으면 기존에 가진 생각과 편견이 '강화'되는 효과가 나타
나기 때문이다.

　미국의 예일대 교수이자 사회심리학자 어빙 제니스(Irving

Janis)는 유사한 의견이나 감정을 공유하는 집단은 극단화될 뿐 아니라 개인 차원에서 행동할 때보다 좀 더 독단적·비합리적 행위를 하고도 이를 쉽게 정당화한다고 주장한 바 있다.

그는 1972년 《집단사고의 희생자들(Victims of Groupthink)》 이라는 저서에서 누구나 인정하는 두뇌 집단이 어떻게 잘못된 의사결정을 내리게 되는지 탐구해 이른바 '집단사고(groupthink)' 개념을 제시했다.

똑똑한 사람들이 모였는데 왜 의사결정의 오류가 나는 것일까? 생각이 다른 여러 사람이 모인 집단에서는 다양한 시각과 견해가 드러나고 때로는 충돌을 겪기도 하면서 비합리적 사고와 행동이 견제를 받는다. 그러나 똑같은 생각을 하는 사람들만 모여 있으면 이런 견제와 다양성이 실종되는 탓에 오히려 잘못된 판단이나 결정이 이루어질 수 있다.

같은 맥락에서 유사한 아픔을 가진 사람끼리 모이는 것도 위험하다. 물론 똑같은 아픔을 겪은 사람을 보면서 서로 아픔이 덜어진 것 같은 위안을 얻을 수도 있지만, 거꾸로 극단적 선택을 할 용기도 생겨날 수 있다.

그런 점에서 마음이 힘들 때는 차라리 마음이 아프지 않은 사람을, 우울한 기분일 때는 긍정적인 에너지가 넘치는 사람을 만나는 게 좋다.

4장...,

있는 그대로
받아들이는 연습

인생의 중심에 '나 자신'을 놓기

인생이 끝날까봐 두려워하지 마라.
당신의 인생이 아예
시작조차 하지 않을 수 있음을 두려워하라. ─ 그레이스 한센 경희 씨는 어렸을 때 가족과 함께 미국으로 이민을 갔다. 한국 유학생이던 현재의 남편을 만나 결혼해 한국으로 돌아왔다. 시댁이 부자여서 경제적으로는 곤란을 겪는 일이 없었다. 그렇지만 시댁 어른들은 보수적이고 강압적인 편이었고, 경희 씨는 마음고생이 심했다. 그녀를 가장 힘들게 한 건 집안의 다양한 제사를 챙겨야 한다는 점이었다.

아이 둘을 낳고서는 그런 삶에 지쳐 자기도 모르는 사이 짜증이 늘었고, 남편과도 멀어져 10년 넘도록 이른바 쇼윈도 부부로 살아가고 있다. 삶의 의욕도 잃고 우울증과 만성 수면장애에 시달렸다. 그나마 1년에 한두 번 미국 친정에라도 다녀오면 기분이 나아졌으나, 한국에 입국하는 순간부터 다시금 스트레스가 시작되었다. 피해의식에 사로잡혀 괴로워하거나 갑자기 숨이 막혀 죽을 것 같은 공포를 느꼈다. 이러다 미쳐버릴지 모른다는 불안감이 일었다.

"남편은 아이들에겐 정말 잘해요. 저한테 애정 표현이 서투르다는 걸 빼면 완벽한 남편으로 보일지도 모르겠어요. 실제로 주변에선 다들 그런 남편이 어디 있느냐며 부럽다고 해요. 하지만…… 글쎄요. 어쩌면 남편은 만나는 여자가 있을지도 모르겠어요. 경제적 여유도 있는 편이고 은퇴해 시간도 많아 얼마든지 바람을 피우겠죠. 아이들 어릴 때 유학을 핑계 삼아 미국으로 들어갈 기회가 있었는데 그걸 놓친 게 지금은 너무 후회스러워요. 이제 어떻게 해야 좋을지 모르겠어요."

경희 씨는 남편과의 결혼을 후회하고 있었다. 사실 그녀는 미국에서 공부를 마치고 거기서 직장도 얻고 결혼도 할 생각이었다. 사귀던 사람도 있었는데 한국인이 아니었다. 완고한 아버지는 외국인과의 결혼을 강력히 반대했다. 남편과 교제를 시작하면서 아버지로부터 벗어날 기회라는 생각으로 결혼을 결심했다. 그녀는 친절하고 예의 바른 남편이 싫지 않았고, 그녀의 아버지는 딸이 부잣집에 시집간다는 사실에 만족했다.

그러나 결혼은 그저 둘만의 문제가 아니었다. 결혼하는 순간부터 수많은 관계가 형성되기 마련이고 갈등이 불거졌다. 집안 제사를 챙기는 것뿐 아니라 정기적 시댁 방문도 경희 씨에게는 고역이었다. 명분은 시부모님이 손주들을 보고 싶어한다는 것이지만 사실은 며느리인 자신을 쥐고 흔들고 싶어서라고 생각할 정도로, 경희 씨는 피해의식이 컸다.

그것이 정말
당신의 인생인가?

그렇다고 경희 씨가 이혼을 원하는 것은 아니었다. 지금까지 쏟은 노력과 세월이 아깝고 억울해 이혼은 싫다고 했다. 대신 그녀는 아이들을 선택했다. 1년에 한두 번 자신의 숨통을 트이게 해준 친정 방문까지 포기하며 수험생 자녀들에게 매달렸다. 지금껏 남편을 위해 살았으나 그 일이 실패로 돌아가자 이젠 아이들에게 자기 인생을 걸려고 하는 것이다.

자식을 위해 자신의 인생을 포기하거나 희생해야 한다는 생각은 우리 사회의 오래된 편견이다. 지금 경희 씨가 해야 할 일은 자기 인생의 중심에 자기 자신을 놓는 것이지, 일종의 돌파구로서 아이들에게 매달릴 게 아니다.

돌아보면 그녀는 사회적 편견과 고정관념을 뛰어넘지 못해 불리한 결정만 반복해왔다. 불행하다고 느끼면서도 정작 자신에게 행복감을 주는 일인 친정 나들이마저 포기했으며, 친구들과 만나 수다 떨고 맛있는 음식을 먹는 자리가 즐겁고 소소한 행복이라 여기지만 거기서도 자신의 실제 모습을 감추기에 급급했다.

나는 경희 씨에게 '자기 인생을 살아가는 연습'을 해볼 것을 제안했다. 우선 소소한 일부터 실천해보라고 했다. 그녀는 식당에 가서도 가족이 좋아하는 것부터 챙기느라 자신이 메뉴를 선택해본 적이 단 한 번도 없다고 했다. 앞으로는 자신이 좋아하는 음식을 적어도 하나는 주문하라고 했다. 또 시댁에 가서도 '갈등'이 생길 것을 각오하고 본인의 의사를 조심스럽게 이야기해보라고 권했다.

나중에 이야기를 들어보니 경희 씨는 남편, 시어머니와 긴 시간 대화를 나누며 설득한 끝에 집안의 제사 행사를 절반으로 줄일 수 있었다고 했다. 인생의 중심에 '자기 자신'을 놓기로 결심하고 그 실천으로서 다른 사람이 나를 어떻게 볼까 하는 데 신경을 덜 쓰려 노력한 덕분이다.

그렇다고 그녀가 갑자기 대놓고 이기적인 사람이 되었다는 의미는 아니다. 자신의 당연한 권리를 찾고 다른 이들에게 비합리적인 점이 있었다면 그것을 합리적으로 바꾸고자 한 것을 두고 그 누구도 이기적이라고 말하지는 않는다. 자신을 둘러싼 모든 일을 자신이 행복해질 수 있는 방향으로 결정하는 것, 긍정적 변화의 중요한 시작점이다.

'지나치게 신중한 선택'은 때로 불리하다

경희 씨처럼 우리 모두는 살면서 수많은 선택의 국면을 만나고 고민에 고민을 거듭하며 최선의 결정을 내리고자 노력한다. 특히 결혼이나 직업 선택 등 삶에 중요한 전환점이 되는 선택일수록 그 갈림길에서 갈등한다. 그랬는데도 실상 많은 사람이 얼마

안 가 자신의 선택을 후회하는 것은 왜일까. 혹시 '인간의 선택'이라는 행위 자체에 뭔가 근본적 결함이 있는 건 아닐까.

진화생물학의 주장에 따르면, 모든 동물은 짝짓기에서 유리하도록 진화했다. 살아가는 데 있어 실질적 효율성은 좀 떨어지더라도 상대가 좋아하는 특성, 상대에게 매력적으로 보일 만한 요소들을 과시하는 쪽으로 진화가 이루어졌다는 것이다. 예컨대 수컷 공작의 꼬리는 생존에는 불리하지만 암컷이 짝짓기 상대를 고를 때 그 꼬리를 보기 때문에 지나치게 화려한 쪽으로 진화된 것이라는 이야기는 익히 알려진 바다. 이런 예는 야생의 세계에 적지 않다. 어떤 종류의 수컷 사슴은 수컷 간 경쟁에서 우위를 점하기 위해 불편하기 짝이 없는 그 크고 무거운 뿔을 머리에 이고 다닌다.

여성들이 아름답게 치장하고 남성들이 재력과 권력을 과시하면서 자기만은 보통의 남자들과 다르게 진실하다는 제스처까지 연출하는 것도 진화생물학적 관점에서 해석되곤 한다. 남자들이 하는 흔하디흔한 말, "평생 당신만 사랑할 거야" 역시 따져 보면 진화의 산물일 수 있다.

그렇다 할지라도 사람들은 여전히 상대의 외모에 속고 상대의 제스처에 속는다. 겉으로 드러난 모습은 얼마든지 꾸며낼 수 있는 것인데도 말이다. 아무리 그 내면을 들여다보고 제대로 판단한다고 해도 실은 겉으로 드러난 모습을 '내면'이라고 착각한 것인 경우가 많다. 그래서 10년을 같이 산 남편이라도 정작 그 사람의 본모습은 모를 수 있다. 당연한 이야기지만, 누가 봐도 사기꾼처럼 보인다면 결코 사기를 칠 수 없을 것이다.

상황이 이렇다면 중요한 선택을 앞두었을 때 우리는 대체 무엇을 기준으로 판단하고 결정해야 할까? 아무리 신중을 기해도 결과는 늘 신통찮으니 그냥 동전을 던지는 게 나을까? 《괴짜 경제학》을 쓴 스티븐 레빗(Steven Levitt)과 스티븐 더브너(Stephen Dubner)는 실제로 그렇게 했다.

레빗과 더브너는 웹사이트를 개설해놓고 인생의 갈림길에서 둘 중 하나를 선택하지 못해 고민 중인 사람들을 모집했다. 이 실험에는 수만 명이 참여했다. 직업 선택부터 애인과 헤어질지 말지, 집을 살지 말지 등 다양한 고민이 올라왔다. 연구자들은 이 문제를 해결하고자 동전을 던지기로 했다.

동전의 결과로 갈림길 중 한쪽을 선택한 뒤 고민거리를 이야기한 사람들에게 그 결정 내용을 전달했다. 물론 동전의 선택을 따를지 말지는 본인이 결정할 문제였다. 다만 동전 선택의 결과를 따른 사람과 따르지 않은 사람들의 행복도에 차이가 있는지를 확인해보고자 한 실험이었다.

실험 결과를 말하자면, 동전의 선택을 따르든 따르지 않든 행복도에는 별 차이가 없었다. 아무리 신중한 선택을 할지라도, 시간이 지나면 그 선택은 동전을 던져 선택한 결과를 따르는 것과 별 차이가 없게 된다는 뜻이다.

즉 확률은 반반이므로 좋은 결과가 나왔을 때는 당신이 선택한 방법이 훌륭하다고 생각하게 된다. 신중하게 생각하고 결정한 사람은 이렇게 말할 것이다. "역시 사람은 신중해야 해."

그런데 동전을 던져서 좋은 결과를 얻은 사람도 이렇게 말할 것이다. "와우! 고민할 필요가 없었네. 동전이 날 살렸어! 앞으로 이 동전을 내 행운의 동전으로 삼겠어."

반대로 나쁜 결과가 나왔다면 어땠을까? 마찬가지다. 전자는 "그냥 동전을 던지는 게 나을 뻔했잖아. 내가 하는 일이 다 그렇지 뭐"라고 할 것이고, "내가 동전 따위를 믿다니. 어떻게 중요한 문제를 이런 방식으로 결정할 수 있지?"라고 할 것이다.

확률적으로는 이렇다. 하지만 내 생각에, '지나치게 신중한 선택'은 결과적으로 불리할 가능성이 많다. 이유는 두 가지다.

첫째, 너무 많은 정보 즉 지나치게 많은 신호를 포착하려 하면 정작 중요한 신호를 놓칠 수 있어서다. 예를 들어 배우자나 사업 파트너를 선택한다고 해보자. 내가 세세하게 따질수록 상대도 거기에 맞춰 세세하게 '꾸밀' 수 있다. 그렇다면 그 사람의 본모습을 엿볼 가능성과는 더욱 멀어진다. 정말 내 마음에 드는 사람을 만났다면? 그럴수록 더 의심해볼 필요가 있다. 내 마음에 딱 들어맞는 사람이 존재한다는 것 자체가 불가능에 가까운 일이니까 말이다. 그런 사람이 오히려 나를 겨냥한 사기꾼일 수 있지 않을까. 이런 '역설'이 선택의 문제 앞에 늘 도사리고 있음을 기억하라.

둘째, 최선의 결정을 내리기 위해 신중에 신중을 기하다 보니 아예 그 어떤 결정도 내리지 못하는 경우가 생긴다. 흔히 하는 말로 '결정장애'다. 마트에서 여러 종류의 물품을 눈앞에 두고 도무지 결정을 못하는 사람도, 점심을 먹어야 하는데 메뉴를 못 고르는 사람도 어찌 보면 무엇 하나 포기를 못하는 성격이라 그렇다. 인간관계에서도 어느 것 하나 포기하지 못하고 이런 집착을 보인다면, 이들은 인생의 중심에 스스로를 놓지 못하고 남에게 끌려다니는 또 다른 사례가 될 수 있다.

"그건 내 알 바 아니오"라고 말해야 할 때

"행복한 가정은 모두 비슷비슷해 보이지만, 불행한 가정은 저마다 다른 모습이다." 톨스토이의 역작 《안나 카레니나》는 이런 문장으로 장대한 이야기를 시작한다. 톨스토이의 통찰은 예리하다. 불행한 가정이 될 만한 조건은 정말이지 도처에 널려 있고 사람들은 저마다 다른 사연으로 불행을 겪으며 살아간다.

그런데 수많은 불행 중에서도 우리의 단순한 착각이나 실수에서 비롯된 불행이 있다면, 그런 불행은 피해가는 게 마땅하지 않을까. 무언가를 선택할 때 지나치게 신중을 기하지 않는 태도도 필요하지만, 실패하지 않으려고 아등바등하지 않는 마음가짐도 중요하다.

경제학에서는 이런 억지 노력을 가리켜 '매몰비용의 오류'라고 한다. 주식투자를 할 때 주로 적용되는 표현인데, 어떤 회사의 주식을 매입했을 경우 오래 보유했을수록 손절매를 못하는 것을 말한다. 그동안 자신이 투입한 돈과 시간, 즉 매몰비용이 아깝기도 하고 그 상태에서 손실을 확정지으면 실패로 귀결되기에 그러지 못하는 것이다.

문제는 20퍼센트 손실이 났을 때 손절매를 했으면 그나마 나았을 텐데 매몰비용이 아까워서 버티다가 결국 50퍼센트 손실이 났을 때 공포심이 극대화되어 떠밀리듯 큰 손해를 보며 팔게 된다는 점이다. 시간만 끌다 감정에 휘둘려 최악의 선택을 하기 십상이라는 이야기다.

이 역시 그 순간의 감정에 이끌려 자신의 이익과 손실을 정확히 계산하지 못한 탓에 생긴 결과다. 주식투자에서든 인간관계에서든 마찬가지다. 좋은 투자와 좋은 인간관계는 시간이 지날수록 더 좋아질 수 있지만, 나쁜 투자와 나쁜 인간관계는 시간이 지날수록 파국으로 치달을 수 있다.

손절매를 고려해야 할 시점이라면, 그때는 매몰비용보다는 기회비용을 생각해야 한다고 경제학자들은 충고한다. 값이 좀 떨어졌을지라도 지금 손해 보고 팔면 나중에 또 다른 투자처를 찾아 이익을 얻을 수 있다는 것이다. 하지만 사람들은 정작 기회비용에는 별로 관심을 두지 않는다는 게 문제다. 미래에 있을 기회보다는 과거에 쏟았던, 혹은 쏟았다고 생각하는 노력에만 집착한다.

그러한 현상유지의 본능에 얽매여 생각하고 행동한다면 새로운 기회는 당신을 찾아와주지 않는다. 우리는 어떤 기회가 사라지는 장면을 굳이 목격하고 싶어하지 않는다. 나와 아무런 상관이 없는 일일지라도 말이다. 예컨대 우리는 TV 홈쇼핑에서 "지금이 마지막 기회!"라고 외치면 왠지 그 기회를 놓치고 싶지 않아서 별 필요도 없는 물건을 사들인다. 그러고는, 마침 필요했던 물건이라고 스스로에게 변명한다. 우리가 이렇게 쓸데없는 기회에 집착하는 동안 정말 필요하고 중요한 기회는 사라지고 있는 것 아닐까.

그간 붙잡고 있던 그것을 놓으면 모든 게 물거품처럼 사라질까봐서 가슴 졸이는 건 어리석다. 그런 착각과 집착이 자신의 감정은 물론 호주머니와 인생까지 고갈시킨다. 매몰비용은 생각하지 마라. 그러면 새로운 기회의 문이 바로 옆에 열려 있었음을 알아차리게 된다.

뭔가에 자꾸 집착하게 될 때는 클라크 게이블과 비비안 리가 열연한 고전영화 〈바람과 함께 사라지다〉의 한 장면을 떠올려보기를 권한다. 레트가 스칼렛과 헤어지기로 마음먹었다. 그러자 스칼렛이 떠나지 말라며 매달린다. 그녀의 행동에 진절머리가 난 레트는 그녀의 애원에도 불구하고 침착하게 논리적으로 반박한다. 그러자 스칼렛은 문을 박차고 나가려는 레트에게 애원한다.

"당신이 떠나면 난 어떡해요?"

"솔직히 말해, 그건 내 알 바 아니오(Frankly, my dear, I don't give a damn)."

레트는 스칼렛과의 관계가 지속되면 자기 인생이 결국 허비될 것임을 깨닫고, 매몰비용은 깨끗이 잊기로 한다. 그래서 레트는 새로운 기회를 찾아 뒤도 돌아보지 않고 떠난다.

"좀 더 이기적으로 살아도 돼"라는 말의 진실

물리학자와 경제학자가 어느 기념비 앞에 서 있다. 이 기념비는 참호 속에 떨어진 수류탄을 자기 몸으로 덮쳐 부하들의 목숨을 구해낸 장교를 기린 비석이었다. 물리학자가 안타까워하며 말했다.

"수류탄이 터질 시간과 파편이 날아갈 각도를 정확히 계산했다면 그도 살 수 있었을 텐데."

그러자 경제학자가 말했다.

"아닙니다. 더 합리적인 방법을 택했어야죠. 군대를 이끌어야 할 장교가 죽는 건 아주 큰 손실이지 않습니까? 좀 더 합리적이었다면 장교보다는 다른 누군가가 대신 죽는 게 낫다는 판단을 했을 겁니다."

그러자 옆에 있던 남자가 끼어들었다.

"대체 누가 그렇게 합리적이겠어요? 그냥 이기적으로 사는 게 맞죠."

물리학자와 경제학자가 눈이 휘둥그레지며 그 사람을 쳐다보았다.

"아니, 그럼 다른 사람 뒤에 숨어도 된다는 거요? 당신 대체 뭐 하는 사람이오?"

"저요? 정신과 의사예요."

물론 이건 내가 지어낸 이야기다. 어쨌든 정신과 의사나 심리상담사 혹은 컨설턴트는 "때로 조금 더 이기적으로 살아도 된다"라고 조언한다. 그런데 그 조언을 저 이야기에 등장하는 물리학자나 경제학자처럼 너무 단순하게 받아들이는 경우가 간혹 있다.

나는 그런 식으로 받아들이면 안 된다고 말하고 싶다. 즉 저

이야기 속의 정신과 의사는 '이타적 행위'의 가치를 낮게 평가하는 것이 아니다. 이타적 행위나 착하게 사는 것은 누구도 함부로 폄하할 수 없는 고귀한 가치다. 그런데도 왜 수많은 심리 컨설턴트들은, 그리고 나는, 좀 더 이기적이거나 까칠하게 살아보라고 조언하는 것일까?

그 바탕에는 '대상관계 이론'이라는 것이 자리 잡고 있다. 성장 과정에서 애정이 결핍된 상태가 지속되면 '유기불안', 곧 버려질지 모른다는 공포심이 자극받게 된다. 그래서 애정을 확보하려는 수단을 쓰게 된다. 곧 자기 본연의 자연스러운 감정을 억압하고 '착한 사람' 가면을 씀으로써 애정을 확보하려 든다. 여기서 '수단'을 정신분석 전문 용어로 '방어기제(defence mechanism)'라고 하는데, 이것이 습관으로 굳어져 성인이 되어서도 다른 사람들과의 대인관계에서 반복적으로 작동하는 것이다.

이런 사람들은 '아니요'나 '싫어요'라는 말을 하지 못해 전전긍긍하며 실질적 손해를 입고, 내적으로는 스트레스를 쌓아가게 된다. 바로 그런 사람들에게 필요한 조언이 "좀 더 이기적으로 행동해도 괜찮다"라는 말이다. 하지만 이런 조언을 하면서도 인간의 아름다운 마음씨인 이타심마저 훼손시키라는 뜻으로 받아들이지나 않을까 한편으로는 걱정이 되기도 한다.

경제학과 수학에서 쓰이는 연구 도구로 '게임이론'이라는 게 있다. 흔히 '게임'이라고 하면 친구랑 하든 PC나 스마트폰으로 하든 즐겁고 재미있게 하는 어떤 경쟁을 떠올린다. 하지만 여기서 말하는 '게임'은 그런 게 아니다. 특정 상황이 벌어졌을 때 그 상황을 어떻게 나 자신에게 유리하게 만들지 혹은 어떻게 전략과 전술을 구사할지 숙고하는 것을 말한다.

이 책에서 게임이론의 개념을 낱낱이 설명할 생각은 없다. 하지만 게임이론에 흔히 등장하는 '선택'과 '딜레마' 그리고 '전략'과 '전술'의 문제는 분명 우리 삶의 순간순간에 유사하게 적용된다.

게임이론 중에 '최후통첩 게임(ultimatum game)'이라는 것이 있다. 1982년 독일의 경제학자 베르너 귀트(Werner Güth)가 고안한 이후 전 세계 각 문화권에서 게임의 내용이나 형식에 수없이 많은 변주가 이루어졌으나, 원칙적으로 이 게임에는 두 사람이 참여한다. 그 두 사람을 A와 B라고 해보자.

그중 A에게 일정액의 돈을 주었다. 그런 다음 자신이 받은 그 돈의 얼마를 나머지 한 사람, 즉 B에게 주어야 한다고 말했다. 이것이 최후통첩 게임의 규칙인데 액수는 A가 자유로이 결정할 수 있다고 말해준다. 이때 B는 A가 제시한 돈을 받거나, 액수가 마음에 들지 않으면 거절할 수 있다. 만약 B가 돈을 '수령'하겠다고 하면 이 거래는 완료된다. 반면 B가 '거절'을 선택하면 A와 B 모두 단 한 푼도 챙기지 못한다. 즉 A가 B를 고려하지 않고 지나치게 '이기적인' 선택을 하면 결국 자기도 손해를 입게 되는 구조의 게임이다.

이 게임의 규칙을 조금 변형한 것으로 '독재자 게임(dictator game)'이라는 것도 있다. 1986년 대니얼 카너먼 연구진이 최후통첩 게임을 변형해서 시행한 것인데, 연구진은 참여자 A가 결정한 금액을 참여자 B가 절대 거절할 수 없고 무조건 수령해야 하는 것으로 규칙을 바꾸었다.

자, 그럼 최후통첩 게임과 독재자 게임의 결과는 어떻게 나타났을까. 뜻밖에도 두 게임 모두에서 A 역할을 했던 참가자들은 또 다른 게임 참가자, 곧 B 역할을 한 사람에게 그다지 인색하게 굴지 않았다. A 역할을 한 참가자 대다수가 '이타적' 선택을 했다는 이야기다. 최후통첩 게임의 경우 거의 모든 실험에서 A 역할을 한 사람들은 처음에 자신에게 주어진 금액이 얼마이든 간에 대개 그 금액의 40~50퍼센트에 해당하는 돈을 B 역할을 한 사람과 나누어 갖는 경향을 보였다. 그리고 A가 20퍼센트 미만의 금액을 제시한 경우에는 B 역할을 한 사람들 대다수가 '거절'을 선택했다. 공정하지 못한 거래라는 생각이 들었기 때문이다.

그렇다면 거절을 통한 복수 혹은 처벌의 여지를 아예 없애버린 독재자 게임에서 A 역할을 한 사람들은 얼마를 나누어주었을까? 이때 A는 평균적으로 총액의 28.3퍼센트를 B에게 준 것으로 나타났다. 아주 적은 금액은 아니지만 거절의 기준이 되는 20퍼센트를 겨우 넘기는 수준이다. 사실 이 실험은 우리의 본성이 이타적이라는 사실을 확인시키기도 하지만, 그보다는 우리가 얼마나 공정성을 중시하는지 보여주는 게임이라고도 할 수 있다.

착할 때도 있고 이기적일 때도 있으니까

그런데 만일 실험실 상황이 아니면서 위와 유사한 상황이 현실에서 벌어진다면 사람들은 어떤 행동패턴을 보일까? 결론부터 말하자면, 누군가가 지켜보느냐 여부가 우리의 '이타적' 혹은 '도덕적' 결정에 지대한 영향을 미친다.

그 사례로 2006년 뉴캐슬 대학의 심리학자 멜리사 베이트슨(Melisa Bateson) 연구진의 실험이 있다. 연구진은 무인 가판대에 사람의 눈 이미지를 붙였을 때와 꽃 이미지를 붙였을 때 매출액이 얼마나 차이 나는지를 조사했다. 눈 이미지를 붙였을 때 매출이 세 배나 높았다. 사람의 눈 이미지를 보는 것만으로도 누군가 감시한다는 느낌을 받게 되고 그래서 물건 값을 제대로 지불하게 된다는 것이다. 물론 그렇다고 해서 돈을 지불한 사람들이 "누가 감시하는 느낌이 들어서" 그랬다고 대답하지는 않는다. 오히려 자신은 "도덕적인 사람이기 때문에 사람이 있든 없든 정확히 돈을 지불한 것"이라고 말한다.

어쨌든 이러한 결과 또한 인류가 집단을 이루며 살아가는 방향으로 진화해온 것과 연관된다. 집단생활이 생존에 유리하다는 것을 일찌감치 간파한 인류는 타인의 눈 또는 시선에 그만큼 민감해질 수밖에 없었다.

우리들 '인간'은 상황과 문화 그리고 환경에 따라 이타성과 이기주의라는 두 가지 본성 간의 팽팽한 긴장 속에서 살아간다. 단지 우리는 순간순간 적당한 선택을 할 뿐이다. 그러므로 이른바

'착한 사람'이란 이런 긴장 속에서 이기적인 욕심을 그때그때 잘 극복해내는 사람들이다. 그들의 이타심이 우리 사회의 협력을 지탱해주고 사회가 제대로 돌아가도록 윤활유 역할을 해준다.

그렇다고 '착한 것'과 '이기적인 것'을 대립 개념으로만 볼 필요는 없다. 정신과 전문의 등 심리 컨설턴트가 간혹 조금 까칠하게 조금 이기적으로 살라고 조언할 때 그것은 제 인생의 중심에 그 누구도 아닌 자기 자신을 갖다놓을 수 있어야 한다는 의미가 내포되어 있다. 그런데 요즘은 이런 조언이 지나치게 남발되고 또 극단으로 치우친 것 같아 한편 씁쓸한 마음도 든다.

중요한 것은 자기 인생의 중심을 무엇 혹은 누가 차지하고 있느냐다. '착한 것'과 인생의 중심에 자신을 '놓지 못하는 것'은 엄연히 다르다. 또한 '이기적인 것'과 인생의 중심에 자신을 '놓는 것'도 전혀 다르다. 다른 사람을 의식해 그 사람 눈치나 보며 사는 건 인생의 중심에 자신을 놓지 못하는 것이지만, 뜻한 바가 있어 다른 사람을 위해 헌신하거나 봉사하는 사람은 자기 인생의 진정한 주인공이 되어 사는 '착한 사람'이다. 나는 착한 사람이 결국 행복하게 산다고 믿는다.

관계에서도 '결정장애'가 있을 수 있다. 이럴 때는 최선보다는 차선을 선택하라. 그래야 타인에게 끌려다니지 않는다. '내가 지금껏 쏟아부은 게 얼만데' 하는 생각은 버려라. 대신 포기가 가져다줄 행복한 기회비용을 생각하라. 가망 없는 일에 매달리면 인생의 주인으로 살지 못한 채 남한테 휘둘리기 십상이다.

그러나 인생의 주인으로 사는 것과 이기적으로 사는 것은 전혀 다르다. 이기적인 사람은 눈앞의 이익만 따지는 것이지만, 자기 인생의 주인이 되는 사람은 행복한 미래를 위해 가장 합리적인 계산을 하는 것이다.

—

5장...,

—

인생에
'나쁜 고통'만
있는 건 아니다

고통 다스리기

슬픔 속에는
연금술이 있다. — 펄 벅

행복해 보이는 사람들에게도 인생은 그리 호락호락하지 않다. 행복은 열심히 노력해야 겨우 얻는 반면 불행은 굳이 구하지 않아도 알아서 찾아오는 것 같으니 말이다. 언제 어느 순간 예상치 못한 큰 불행이 삶을 덮칠지 그 누구도 알지 못한다. 어느 날 갑자기 사기를 당해 길거리에 나앉을 수도 있고, 서로 굳게 사랑한다고 믿었는데 알고 보니 또 다른 사람이 곁에 있을 수도 있다. 사랑하는 이의 갑작스러운 죽음으로 비탄에 빠지게 될 수도 있다.

내가 잘못한 일이 없는데도 이렇듯 하늘이 무너질 것 같은 비극이 어느 순간 우리 인생을 침범한다. 그리고 이때 우리 뇌의 신경전달물질들은 교란을 일으킨다. 감정의 혼란과 극도의 분노로 잘못된 판단을 내리기도 한다.

우리 뇌에는 우리 삶과 이 세상을 더 긍정적으로 볼 수 있게 돕는 낙관편향 성향이 자리하고 있는데, 그것이 지나친 외부 자극으로 인해 그만 문제가 생겨서다. 이때 우리는 나락에 떨어진 느낌과 함께 인생과 미래에 대한 기대감도 순식간에 무너진다. 그리하여 '낙관'이 머물던 자리를 불안과 분노가 차지하게 된다. 살아갈 의지도 힘도 잃는다. 분노, 회한, 자책, 핑계, 변명, 복수 등 온갖 부정적 감정에 사로잡혀 평범한 일상생활조차 힘겹다. 술이나 약물에 의지하며 삶의 고통이 자신을 지배하든 말든 어떤 노력도 없이 삶을 방치하게 될 수도 있다.

우리는 왜 부정적 상황에 더 민감할까?

행복한 일은 며칠만 지나도 무덤덤해지는데, 불행한 일은 왜 그리 오랫동안 우리를 괴롭히는 걸까? 어느 영화감독이 그랬다. 슬픈 영화는 만들기 쉽지만 웃기는 영화는 만들기가 정말로 어렵다고. 우리 뇌는 부정적인 것에 더 민감하게 작동하기 때문이다.

진화는 부정적인 것에 예민한 개체와 긍정적인 것에 예민한 개체를 저울질하다가 마침내 부정적인 것에 예민한 개체의 손을 들어주었다. 즉 선사시대에는 부정적 감정에 예민한 사람이 생존에 더 유리했다는 이야기다. 맹수, 독, 추위, 굶주림 등에 대한 공포와 불안이 생존 욕구에서 기인하는 것이기에 그렇다. 갑자기 어디선가 바스락거리는 소리가 날 때 호기심을 갖고 다가가는 원시인보다는 의심하고 부정적인 생각을 하면서 일단 도망치고 보는 원시인이 살아남을 가능성이 높지 않겠는가.

같은 맥락에서, 행복한 기억을 잘 떠올리는 사람보다는 무섭고 불안했던 기억을 잘 떠올리는 사람이 생존에 유리했다. 단지 생존이라는 관점에서만 본다면 난로에 손을 얹으면 고통스럽다는 것을 기억하는 사람이 난로의 따뜻함만 추억하는 사람보다 유리하기 때문이다. 이렇게 우리는 자기 자신에 대해서는 과대평가하고 밝게 보도록 낙관편향 성향을 유전자에 아로새겨두었으며, 외부 자극에 관한 한 부정적인 것에 더 민감하게 반응하도록 편향되어 있다.

한편 부정적 상황에 대한 우리 뇌의 민감성을 행동경제학자들은 '손실회피 본능'으로 설명한다. 손실회피 본능이란 지금 당장 '만 원을 얻는 기쁨'보다 내 손안에 있던 '만 원을 빼앗기는 고통'을 더 크게 느끼는 인간의 심리적 속성을 말한다.

부정적 상황에 더 민감하도록 진화된 우리 뇌는 분노나 심한 불안을 느끼면 정상적 사고 과정이 마비되는 증세를 겪게 된다. 그렇기 때문에 행복을 위협하는 사건이 벌어진 때일수록 생각을 뒤집고 이성을 활용해 자신에게 유리한 판단을 내리고자 하는 노력이 중요하다.

거대한 폭풍우 속에서도 살아남는 방법

인도의 한 소년이 가족들과 배를 타고 미국 이민을 가던 중 폭풍우를 만나 난파당했다. 소년은 가족을 잃고 홀로 살아남았다. 한 번도 예상해보지 못한 엄청난 고통과 대면하게 된 것이다.

소년은 가까스로 구명보트에 몸을 실었다. 하지만 그 보트를 소년만 탄 게 아니었다. 호랑이와 몇몇 동물이 함께 타고 있었다. 다른 동물들은 호랑이의 먹이로 하나하나 희생되고 결국 보트에는 호랑이와 소년만 남게 된다. 소년은 호랑이에게 먹히지 않고 살아남기 위해 궁리한다. 그러다 갑판과 구명조끼로 뗏목을 만들어 호랑이를 피해 그곳으로 몸을 숨긴다. 하지만 호랑이는 수영을 할 줄 안다. 언제 잡아먹힐지 알 수 없다. 망망대해 위에서 소년은 두려움으로 잠을 못 이룬다.

동명의 베스트셀러 소설을 원작으로 한 영화 〈파이 이야기(Life of Pie)〉의 도입부다. 파이와 호랑이의 이야기는 점점 더 흥미롭게 전개된다. 내게 가장 인상적이었던 것은 주인공 소년 파이가 '이렇게 죽을 수는 없다'라고 생각하고 호랑이를 길들이기로 마음먹는 대목이었다.

파이는 용기를 내서 호랑이를 먹여 살리기로 결정한다. 그래야 자신이 잡아먹히지 않을 테니까. 하지만 파이는 호랑이에게 먹이를 무작정 주지는 않는다. 인도에 살 때 파이의 아버지는 동물원을 운영했었다. 파이는 아버지의 동물원에서 보고 배운 조련술을 이용해, 낚은 물고기와 받아놓은 빗물로 호랑이를 길들인다. 이후 호랑이와 파이는 잡아먹느냐 잡아먹히느냐의 적대관계가 아닌, 긴장감 있는 공생관계를 맺게 된다. 망망대해에 호랑이와 단둘이 던져진 파이는 그렇게 살아남는다.

삶의 고통이나 불행한 일은 피할 수 없는 인생의 일부다. 인생은 고통의 바다라고 하지 않던가. 이 말이 옳다면 우리는 그저 여러 가지 고통 중 한 가지 고통을 선택하며 살아가는 셈이다. 다만 현명한 사람은 스스로 감당할 수 있는 고통을 선택하고 어리석은 사람은 감당하지 못할 고통을 선택할 뿐이다.

파이도 그 고통에서 도망쳐보려 몸부림치지만 언제 자신에게 들이닥칠지 모르는 불안에 시달려야 했다. 하지만 그는 피할 수 없다면 길들이자는 쪽으로 생각을 전환한다. 우리가 고통에 직면했을 때 중요하게 고려해야 할 사항은 두 가지다. 첫째, 어떻게 고통을 다스릴지 생각할 것. 둘째, 모든 일에는 양면성이 있음을 인식할 것.

'확실한 지식'이 발휘하는 엄청난 위력

＿

파이는 종교가 있었다. 하지만 그의 생존을 도운 것은 정작 종

116

교가 아니라 지식이었다. 그는 침착하게 공포감을 다스렸고 이성을 소환해 호랑이 조련법을 생각해냈으며 구명보트에 비치된 생존가이드를 꼼꼼히 읽었다. 문제를 해결하기 위한 지식을 구하고 그에 따름으로써 그는 생존할 수 있었다.

아무리 큰 고통을 겪고 있을지라도, 찾고자 한다면 이러한 생존가이드는 얼마든지 구할 수 있다. 이미 우리 뇌 속에 지식의 형태로 저장되어 있을 수도 있으며 서점에 진열된 책이나 미디어의 언어로 존재하고 있을 수도 있다.

어느 날 진료실을 찾은 20대 여성 예은 씨는 앉자마자 눈물부터 쏟아냈다. 인생이 너무나도 고통스럽다며 손목을 내보였는데, 자살을 기도한 흔적이 흉터로 남아 있었다. 예은 씨는 오랜 시간 인내하며 공부한 끝에 원하던 직장에 들어갈 수 있었다고 했다. 입사 첫날 출근할 때는 정말 하늘을 날 듯 기분이 좋았다고 한다. 자기 힘으로 성실히 계획하고 준비한 끝에 목표를 달성했기에 흡족함을 느꼈고 어느 정도 자부심도 생겼던 것이다. 하지만 막상 출근해보니 발령 난 부서가 자신이 지망하던 곳이 아니었다. 그녀가 지망했던 부서는 인력이 다 차서 자리가 생길 때까지 기다려야 한다고 했다.

그녀는 그 말을 믿고 일단 기다리기로 했다. 하지만 마음 한

편 아쉬움이 남는 건 사실이었다. 회사에서 주어진 업무가 자신이 하고 싶었던 일, 잘할 수 있는 일이 아니었기 때문이다. 그런데 더 큰 일은 그다음에 일어났다. 입사 초기부터 부서 동료들로부터 이유도 모른 채 '따돌림'을 당한 것이다.

"사실 제가…… 초등학교 때도 '왕따'를 당했어요. 학교가 지옥 같았죠. 그런데 어른이 돼서도 이런 일을 당하다니. 제 자신이 너무 못나 보이고 억울하기도 하고 비참한 기분이에요. 그토록 원하던 회사에 입사했건만 하루하루가 또다시 지옥이네요. 제 딴에는 동료들과 잘 지내보려고 회식 자리에서도 더 열심히 웃고 못 마시는 술도 마시고 그랬는데 별 소용이 없네요. 다들 제 앞에선 웃어도 뒤에서는 제 욕을 하고 다니나봐요. 심지어 제가 나온 학교까지 비웃더라고요."

그녀는 이제 화도 안 난다고 했다. 그럴 기력마저 잃었다는 이야기였다. 자신은 아무런 잘못도 하지 않았는데 괜한 비난을 들어야 한다는 사실이 억울할 뿐이라고 했다. 그렇게 한 1년을 보내니 '이렇게 사느니 차라리 죽는 게 낫다'라는 생각이 들었다고 했다. 원하는 부서 발령은 언제 날지 기약도 없고, 회사를 그만두고 싶지만 그 또한 식구들 눈치가 보인다고 했다. 도망갈 데가 없다고, 여기도 저기도 모두 지옥이라는 것이었다.

"아무도 제 심정을 몰라줘요."

회사를 그만둠으로써 행복해진다는 확신이 있다면 그렇게 하겠지만 회사를 그만둔다 해도 또 다른 고통 속에 빠질 뿐이라는 생각이 그녀를 괴롭히고 있었다. 그녀의 막힌 생각에 조금이나마 숨 쉴 공간을 만들어주고 싶었다.

"만약 어쩔 수 없이 둘 중 하나를 선택할 수밖에 없다면, 예은 씨는 어느 쪽을 택하고 싶은가요?"

"스트레스의 양과 정도만 따진다면 동료들의 따돌림보다야 집에서 식구들의 눈총을 견디는 게 낫겠죠. 하지만 오랫동안 노력해서 겨우 들어간 회사를 이런 식으로 그만두어야 한다는 사실을 인정하고 싶지가 않아요. 그 생각만 하면 가슴이 답답하고 억울하고 화가 나고 그러다가 결국 자괴감에 빠지고……."

"억울하고 화가 날 만하지만 그런 감정에 매몰되어 있는 것은 더 위험하고 결코 좋은 해결책이 될 수 없어요. 위기를 맞았을 때 오히려 실리를 따지는 태도가 필요합니다. 잘 따져보세요, 어느 쪽이 더 이득인지. 좀 계산적으로 보일 수도 있겠지만, 사실 회사를 그만둠으로써 얻는 실익은 거의 없어 보여요. 그렇다면 조금만 더 견뎌보면서 기회를 엿보는 건 어떨까요?"

"견디기가 쉽지 않을 것 같아요."

"회사생활을 견디기 힘든 건 물론 동료들의 따돌림 때문이겠지만, 더 중요하게 고려할 게 있어요. 예은 씨가 그들을 어떻게 해석하고 그들의 행동에 어떻게 대응하느냐 하는 점이죠. 타인을 바꾸기란 불가능합니다. 우리는 단지 우리 자신만 바꿀 수 있어요. 예은 씨도 비슷한 상황에 처한 셈이에요. 타인을 바꿀 수는 없으니, 예은 씨가 바뀔 수밖에 없는 상황에 처한 거라고 생각하는 편이 좋지 않을까요. 예를 들어 이런 겁니다. 예은 씨가 한 일을 가지고 어느 동료가 트집을 잡는다면 그의 행동에 짜증을 내기보다는 '아, 그렇군요. 제가 미처 몰랐네요. 가르쳐주서서 감사합니다' 하고 더 낮은 자세로 그들을 대해보는 거죠. 지금 당장 행복해질 방법이란 건 이 세상에 없습니다. 하지만 분노와 억울함을 일단 내려놓고 다르게 생각해보면 상황도 바뀌죠. 더구나 예은 씨는 원하는 부서에 빈자리가 생기면 언젠가는 그쪽으로 옮길 예정이니 희망적이라고 볼 수 있습니다. 결국 시간문제인 거니까요."

고통을 완전히 없앨 수는 없다. 하지만 어느 정도 다스릴 수는 있다. 고통이라는 바다에 빠져 있지 않고 고통이라는 파도를 타고 넘으려면 자존심을 세우기보다는 자존감을 높여야 한다. 자존감이 낮은 사람일수록 별것 아닌 일로 화를 내고 그 화를 주체하지 못한다.

자존감이 낮은 사람들은 인정 욕구에 집착한다. 그러다보니 별 의미가 없는 말 한마디에도 쉽게 상처받고 고통을 느끼게 된다. 내 부모가, 내 직장 동료가, 내 상사가 모두 성숙한 인격의 소유자면 얼마나 좋겠는가마는 세상일이란 본래 그렇게 돌아가지 않는다. 자존심을 내려놓으라는 것은 상대방에게 무조건 수그리라는 말이 아니다. 내 감정에만 매몰되어 있으면 상대방의 마음이나 형편을 고려하지 못하게 되니, 한 발 물러서서 상대방의 마음을 헤아리는 용기를 내보자는 것이다. 내가 예은 씨에게 한 조언은 바로 이런 맥락이었다.

이 처방으로 그녀가 곧바로 편안해지지는 않을 것이다. 하지만 '견디기 힘든 고통'이 '그나마 견딜 만한 고통'으로 바뀔 수는 있지 않을까. 고통에 대한 해석만 달라져도 그것이 행복을 위한 첫걸음이 될 수 있다. 고통을 다스린다는 것은 고통을 제거하는 일이 아니다.

심리적 면역력을 높이려면

최근 공황장애 증상으로 병원을 찾는 사람들이 부쩍 늘었다. 공황장애란 불안장애의 한 종류로 우울증 같은 기분장애와 뿌리가 같다. 모두 다 마음에 생긴 병인데, 여러 가지 표현형에 따라 진단을 달리할 뿐이다. 우울증으로 표현될 수도, 공포증이나 공황장애 증상으로 표현될 수도, 때로는 신체 통증으로 표현될 수도 있다.

그런데 공황장애를 호소하는 사람들 중에는 왜 자신에게 이런 증상이 생겼는지 모르겠다고 말하는 경우가 많다. 사람이 살면서 스트레스를 겪는 건 당연하지 않나요? 다들 그렇게 살아가는데 왜 나만 이런 증상을 겪는 걸까요? 내가 진료실에서 다수의 환자들을 면담하며 관찰해본 결과를 가지고 말하자면, 별다른 인생의 위기도 없이 공황장애를 겪는 사람들에게는 공통적인 특징이 하나 보였다. 잘 참는다는 점이다.

하버드 대학 심리학과 교수 대니얼 길버트(Daniel Gilbert)는 《행복에 걸려 비틀거리다》라는 책에서 이른바 '심리적 면역체계'에 관해 설명한다. 그가 말한 심리적 면역체계란 바꿀 수 없는 과거의 행동을 재해석하고 긍정적으로 재구성함으로써 자신의 행동과 상황에 만족하도록 만드는 심리적 방어 장치다. 하지만 이 면역체계는 역치(threshold)를 갖기 때문에 제대로 작동하려면 얼마 이상의 자극이 필수적이라는 것이 길버트 교수의 주장이다. 즉 아주 큰 고통과 맞닥뜨리면 그 고통을 제거하고자 하는 심리적 면역체계가 저절로 작동해 사소한 스트레스로 고통을 겪을 때보다 '덜' 괴로울 수 있다는 역설적인 이야기다.

이와 관련해 1966년 심리학자 H. B. 제라드(H. B. Gerard)와 G. C. 매튜슨(G. C. mathewson)이 대학생들을 대상으로 실시했던 실험을 예로 들 수 있다. 두 연구자는 동아리 가입 조건으로 전기 충격을 3회 받도록 하는 실험을 했는데, 전기 충격을 더 강하게 받은 집단이 약하게 받은 집단보다 동아리를 더 좋아하는 이상한 결과가 나왔다.

이 실험 결과를 연구자들은 극심한 고통이 심리적 면역체계를 작동시켜 자신의 경험을 긍정적으로 바라보도록 유도한 것이라고 해석했다. 요컨대 너무도 참기 힘든 고통과 빠져나가기 힘든 상황이 겹치면 '심리적 면역체계'가 작동하면서 상황을 오히려 긍정적으로 해석해 이겨내게 된다는 이야기다.

그러나 대니얼 길버트 연구진이 1998년에 발표한 또 다른 심리실험 결과에 따르면, 아무리 큰 고통과 대면해도, 즉 역치 이상의 자극을 받아도 심리적 면역체계가 작동하지 않는 경우도 있다.

길버트 연구진은 심리실험 참가자들을 모집해 그들에게 특정 기업의 제품을 평가하고 홍보할 기회를 주겠다고 말했다. 하지만 그들 중 일부만이 그 기회를 얻을 것이고 선발을 위한 인터뷰도 실시할 예정임을 밝혔다. 실험 참가자들 옆방에 MBA 학생들로 구성된 심사위원단이 있으며, 인터뷰는 비디오와 마이크를 이용해 진행될 것임을 일러두었다. 또한 실험 주최 측은 실험 참가자들을 두 집단으로 나누어, 그중 1번 집단에는 여러 명의 심사위원 가운데 의사결정권은 단 한 사람이 쥐고 있으며 바로 그 사람이 탈락자를 결정하게 된다고 말했고, 2번 집단에는 여러 심사위원이 만장일치로 누군가의 탈락을 결정할 것이라고 말했다. 이러한 설명을 해주고 나서, "만약 당신이 탈락한다면 그때 기분이 어떨지 예상해보라"라고 설문을 실시했다. 응답 결과는 어땠을까? 두 집단 모두에서 유사한 비율로 "기분이 나쁠 것"이라는 응답이 나왔다.

그러나 막상 탈락이 결정되고 나자, 두 집단은 상반된 반응을 보였다. 한 사람이 탈락 여부를 결정할 것이라는 말을 들은 1번 집단은 면접 전에 예상했던 것과 비슷한 정도로 기분 나빠했지만, 만장일치로 탈락이 결정된다는 말을 들었던 2번 집단 사람들은 자신이 예상했던 정도보다 훨씬 더 불쾌해했다.

한 사람이 전권을 행사할 것이라는 말을 들은 사람들은 그 사람을 탓하거나 투덜댈 수 있다. '그 사람은 나의 가치를 알아볼 만한 사람이 아냐. 외모만 중요시하는 사람인 게 틀림없어'라든지 '어떻게 한 사람이 모든 걸 결정할 수 있지? 이건 정말 불공평해'라고 말하면서 탈락의 원인을 그 심사위원에게 돌릴 수 있는 것이다. 그러나 만장일치로 탈락이 결정되었다는 말을 들은 사람들은 다르다. 다수의 사람에게 거절당했다는 사실은 당사자를 더 절망스럽게 만들 수 있다. 말하자면 빠져나갈 구멍이 없는 것이다.

바로 이런 경우가 심리적 면역체계가 작동하지 않는, 혹은 작동할 여지가 없는 경우라 할 수 있다. 자기 외부에 탓할 대상이 없으면, 즉 심리적 여유를 가질 공간이 없다면 심리적 면역 체계도 어쩔 방도를 찾지 못하는 것이다.

이 실험은 예은 씨가 겪은 일을 연상시킨다. 우리는 집단에서 소외되는 것을 본능적으로 두려워한다. 우리 뇌는 소속감과 연대감을 추구하도록 진화했다. 우리 뇌는 다수에 의한 거절을 '고통'으로 인식하며, 그래서 행동 수정이 이루어지도록 조종한다. 그러나 예은 씨는 지속적인 다수의 거절로 인해 심리적 면역체계가 거의 작동을 멈춘 상태였다. 그런 최악의 상황에서는 고통을 '길들이기'가 몹시 힘들다.

그렇다면 예은 씨에게 핑계 댈 대상을 인위적으로 만들어주어야 할까? 그건 아니다. 외부로 원인을 돌리려면 길버트 연구진의 실험에서 한 사람이 전권을 행사했던 것처럼 그 근거가 분명히 제시되어야 하며 나와는 별 상관이 없는 소수의 대상이어야 한다. 그녀에게 고통의 원인을 외부로 투사하라고 하면 자칫 '나만 옳고 세상은 다 그르다'라는 잘못된 인식이 고착될 수 있다.

불안이나 우울한 감정에서 빠져나와 이후 어떤 행동을 선택하는 것이 자신에게 더 유리한지 판단해보도록 현실적으로 유도하는 편이 예은 씨에게는 더 효과적인 처방이 될 것이었다. 나는 그녀에게 자신의 희망대로 부서를 옮길 때까지 생각해보는 시간을 가져볼 것을 권했다. 이것은 심리적 면역체계가 되살 아날 수 있도록 마음에 여유 공간을 만들어보자는 의도이기도 했다. 판단과 결정은 그 후에 해도 되는 것이다.

희망, 만병통치약은 아니지만 효과 좋은 진통제

2차 세계대전 당시 미국 육군 항공대에서 B-17 폭격기를 몰던 조종사와 승무원들이 온갖 질병에 시달렸을 뿐 아니라 성격까 지 나쁘게 변했다. 미국 참전이 결정됨에 따라 B-17 폭격기가 적진 깊숙이 들어가야 했고 그러다보니 격추당하는 일도 많아 져 스트레스가 극심해진 탓이었다. 폭격기 조종사와 승무원들 은 '이제 죽는 건 시간문제'라고 생각했다. 그런 절망적 인식이 질병을 부르고 성격 변화를 가져왔던 것이다.

미군 지도부는 이들에게 희망을 줄 방법을 고민했고, 그들 의 의무비행을 40회로 제한하기로 했다. 이로써 지금까지 20회 비행한 사람은 앞으로 20회만 더 비행하면 고향으로 갈 수 있다는 희망을 '구체적으로' 갖게 되었다. 그러자 이들의 스트레스 반응, 곧 갖가지 질환과 성격 변화가 사라졌다.

이 일화를 지지해주는 실험이 있다. 듀크 대학교 경제학과 교수 댄 애리얼리(Dan Ariely)가 '고통내성'을 알아보는 실험을 하기 위해 지원자들을 모집했다. 과거에 큰 고통을 당한 사람이 그렇지 않은 사람에 비해 고통을 더 잘 견디는지 알아보는 실험이었다. 처음에는 하반신 마비이거나 큰 화상으로 고통을 겪은 사람들을 모집할 계획이었다. 그런데 말기 암환자 두 명이 지원했다. 연구진은 난감해하면서도 그들 역시 암이라는 질병으로 인해, 그리고 암을 치료하는 과정에서 큰 고통을 겪고 있기에 참여시키기로 결정했다.

실험 결과, 큰 고통을 겪어본 사람들과 큰 고통을 겪지 않은 사람들의 고통내성은 확연히 차이를 보였다. 고통내성은 '뜨거운 물에 손 넣기'로 측정했는데, 큰 고통을 겪지 않은 사람들은 섭씨 48도 물에서 평균 27초를 견뎠지만, 큰 고통을 겪어본 사람들은 평균 58초를 견딘 것이다. 아마 60초를 넘기지 않도록 하는 규정이 없었다면 훨씬 긴 시간을 참았을지 모르고 그랬다면 이 차이는 더 커졌을 것이다.

한편 암환자들은 어땠을까? 이들은 얼마나 견뎌냈을까? 가장 큰 고통을 경험하고 있으니 가장 오랜 시간 참아내지 않았을까? 그렇지 않았다. 암환자들은 별 고통을 겪지 않은 사람들보다도 더 짧은 시간을 버텼다. 바로 희망의 차이가 빚어낸 결과다.

내가 받는 고통스러운 치료 과정으로 병세가 호전되고 나아질 수 있다는 희망이 있다면 이를 악물고 견뎌낼 수 있다. 그렇게 희망을 품고 고통을 참아내야만 그 인내가 이후의 고통에 대한 내성도 키워준다. 그러나 말기 암환자들은 그런 희망 자체가 없었기에 가혹한 고통을 감내할 이유를 찾지 못해 내성을 키우지 못했던 것이다.

인생의 고통도 마찬가지다. 희망을 치료제 삼아 엄청난 고통을 극복하고 나면 웬만한 시련에도 끄떡하지 않게 된다. 이처럼 희망이라는 치료제는 심리적 면역체계 작동에 필수적이다. 그렇지만 헛된 희망이어서는 안 된다는 걸 유념해야 한다. 우리 뇌는 정확한 정보, 곧 실현 가능성이 높은 희망을 원한다.

댄 애리얼리는 또 다른 실험을 하나 더 했다. 이번에는 군인들을 대상으로 찬물에 손을 넣고 참아보라고 했다. 그들은 일반인들도 4분 정도는 참아낼 수 있다는 정보를 바탕으로 실험 대상자들을 다음과 같이 네 그룹으로 나누었다.

1번 그룹	얼마나 참아야 하는지에 대해 아무런 정보도 주지 않은 채 그냥 찬물에 손을 넣으라고 했다.
2번 그룹	4분 동안 넣도록 했고 시계를 볼 수 있게 했다.
3번 그룹	처음에는 2분만 참으면 된다고 했지만 그 2분이 다 되어갈 무렵 잘못 말했다면서 4분 동안 참아야 한다고 정정했다.
4번 그룹	처음에는 6분이라고 말했다가 나중에는 4분이면 된다고 정정했다.

자, 이 가운데 어느 그룹이 가장 잘 참아냈을까? 언뜻 생각하기에는 4번 그룹이 가장 잘 참아냈을 것 같다. 목표를 높게 설정해두었다가 철회했으니 아무래도 성과가 좋겠거니 여길 수 있다. 그런데 실제 실험 결과에서는 4번 그룹의 성공률이 가장 낮았다. '4분'이라는 희망적인 이야기를 들은 이후로는 잘 참아냈지만, 애초 너무도 압도적으로 비관적 정보를 접한 탓에 초반에 이미 다수가 탈락했기 때문이다.

가장 잘 참아낸 그룹은 정확한 정보를 제공받은 2번 그룹이었다. 심지어 이들 그룹에서는 시간을 속여도 잘 참아냈다. 즉 4분이라고 말해놓고는 두 배나 느리게 가는 시계를 주어도 6분이나 참아냈다. 정확한 정보를 바탕으로 만들어지는 믿음이 얼마나 위력이 있는지를 잘 보여주는 실험이다.

인내의 끄트머리에서 좋은 결과를 얻을 수 있다면 우리는 기꺼이 중간중간 만나는 고통을 감내한다. '정보를 정확히 인식하는 것'은 희망적인 미래를 만들어내는 여정의 시작이다.

'파블로프의 개들'이 대홍수를 만났을 때

뇌는 규칙적인 것을 좋아한다. 움직이는 모든 생명체는 주위 현상이 규칙적이거나 일관성을 갖는다는 가정 아래 어떤 판단을 내린다. 이를 다른 말로 '패턴 추구' 혹은 '패턴 인식'이라고 한다. 날마다 해가 뜬다고 믿기에 우리는 이 당연한 사실을 전제로 어두운 밤을 보낼 수 있다.

인류는 천적이나 맹수의 자취와 흔적을 규칙적으로 관찰하며 위험을 피했고 사냥감의 일정한 습성을 파악해 먹이를 획득했다. 진화와 문명화 과정에서 우리 인류는 대규모 집단을 형성하며 사회화되었고, 그러자 서로의 얼굴을 알아보는 일이 중요해졌다. 즉 패턴을 잘 인식하는 것이 생존에 유리한 요소가 되었다. 그래선지 우리는 수십 년이 흘러 얼굴에 주름이 지거나 살이 쪄도 얼굴의 패턴을 파악함으로써 아는 얼굴임을 금세 인지할 수 있다.

우리 뇌는 '패턴 추구' 능력을 진화시켰고, 심지어 무질서한 곳에서도 패턴을 찾아내려 한다. 타일에 새겨진 의미 없는 무늬에서 동물의 형태를 찾아낸다든지 달을 보며 토끼를 찾고 또 바위에서 사람의 얼굴 모양을 찾아내는 식이다. 물론 세상의 많은 일은 규칙성과 일관성을 보인다. 미래를 어느 정도 예측할 수 있는 것도 바로 이런 패턴의 원리 덕분이다.

패턴 인식 현상을 실험적으로 처음 발견해낸 사람은 러시아의 생리학자 이반 파블로프(Ivan Petrovich Pavlov)다. 파블로프는 개를 이용한 그 유명한 실험에서, 개에게 먹이를 줄 때마다 종을 울리면 '먹이'와 '종'이라는 전혀 관련 없던 개념이 개의 머릿속에서 패턴으로 연결된다는 것을 알아냈다. 그래서 파블로프의 개는 먹이가 눈앞에 없어도 종이 울리면 침을 흘린다. 이를 '조건반사'라고 부르기도 한다.

'고전적 조건 형성' 실험이라고도 불리는 이 실험은 이후 마음과 행동을 연구하는 심리학 분야에서 획기적 전환점을 마련한다. 어떤 현상이 일단 패턴으로 인식되면 그다음부터는 '규칙'으로 자리 잡는다. 바꿔 말해, 종을 울리면서 먹이는 안 주는 방식으로 규칙을 깨면 개는 당황하면서 불안정한 상태가 된다. 패턴 인식에 실패해 미래를 종잡을 수 없게 되니 불안감을 느끼는 것이다. 이런 혼란기를 지나다보면 패턴은 서서히 사라진다.

그런데 파블로프는 홍수로 인해 뜻하지 않게 또 한 가지 중요한 실험을 하게 된다. 1924년 레닌그라드에서 큰 홍수가 나 파블로프의 실험실도 피해를 입었다. 당시 우리에 갇혀 있어 도망칠 수 없었던 개들은 물에 빠져 죽기 일보직전에 구조되거나 그중 몇은 익사하기도 했다.

피해를 수습하고 나서 파블로프는 실험을 재개했는데, 그때 개들에게서 변화가 관찰되었다. 이들 몸에 배어 있던 조건반사가 일거에 사라지고 없었던 것이다. 아무리 종을 울려도 개들이 아무런 반응을 보이지 않았다. 수차례 실험을 다시 해보았지만 결과는 마찬가지였다. 연구진은 홍수로 인해 죽음의 위기를 겪은 개들이 그 충격이 너무나도 컸던 나머지 기존의 패턴이었던 조건반사가 완전히 사라져버린 것이라는 결론을 내릴 수밖에 없었다.

이 결론을 검증하기 위해 종이 울리면 침을 흘리는 조건반사 패턴을 다시 조성하고 흡사 홍수와 같은 익사 위기 상황을 연출해봤다. 역시 개들에게서 조건반사가 사라지는 것을 관찰할 수 있었다. 패턴 인식이 단번에 사라져버리는 기묘한 변화가 나타난 것이다. 그뿐만이 아니었다. 난폭했던 개가 얌전해지거나 얌전했던 개가 난폭한 행동을 보이는 등 완전히 다른 성격으로 바뀌기도 했다.

이후 다양한 연구가 차차 진행되어, 기존의 가치관이 문제 해결에 전혀 도움이 되지 않는 극도의 위기 상황에 처해 외상을 입게 되면 그 가치관이 결국 붕괴되는 경험을 한다는 사실이 밝혀졌다. 가치관 붕괴는 스트레스 호르몬을 분비한다. 기존의 뇌 세포 간 연결을 끊고 생존을 위한 새로운 연결을 해야 하기 때문이다. 이때 뇌는 신경전달물질의 불균형과 교란으로 인해 우울·불안·분노·공격성 같은 반응을 억제하지 못하게 된다. 또 파블로프의 개들이 성격 변화를 일으켰던 것처럼, 사람들 역시 심각한 정신적 외상을 입은 뒤에는 기존과는 다른 패턴을 추구하는 새로운 행동을 할 수 있다. 종교에 심취하기도 하고 전에는 관심 없던 활동에 매진하기도 한다.

'지금 이 순간'에
집중하기

———

파블로프의 개들에게 대홍수는 말하자면 '죽음과도 같은 고통'
이었다. 바로 이런 강도의 고통을 겪고 공포와 불안, 혼란스러
움을 호소하며 상담을 청해오는 여성들이 간혹 있다. 연주 씨도
그런 경우였다. 그녀는 깊은 한숨을 내쉬더니 천천히 이야기를
시작했다.

"처음에는 아주 잘해줬어요. 그래서 저도 쉽게 마음을 내줬
죠. 이전 남자친구랑 안 좋게 헤어진 터라 좀 힘들었거든요. 사
실 남자를 만나고 사귀는 일이 두려웠는데, 한편으로는 또 누군
가에게 보호받고 싶었나봐요. 혼자 있는 시간을 좀 더 가졌어야
했는데⋯⋯. 만나고 1년쯤 지났을까, 그때부터 폭행이 시작됐
어요. 처음에는 그저 술버릇이겠거니 했는데 나중에는 술을 안
마실 때도 자기 뜻대로 안 되면 폭행을 일삼더라고요. 너무 무
서웠어요. 그만 헤어지자고 했더니 그 이유로 또 폭행을 하더군
요. 결국 경찰에 신고했지만⋯⋯ 두려움이 가시지 않아요. 잠을
이루지 못해요."

연주 씨는 극심한 불안, 불면증, 우울감을 나타냈으며 외상후스트레스장애 소견도 보였다. 무엇보다도 관계에서 거듭 실패를 겪은 터라 더는 사람을 믿지 못하게 되었다. 자신의 감정조차 확신하지 못했다.

앞서 설명했듯이, 큰 고통이나 위험을 직접 경험한 사람들은 '패턴 인식'에서 일대 혼란을 겪게 된다. 평소에는 안전하다고 느끼던 것들이 큰 외상을 겪은 다음부터는 너무도 두려운 것으로 바뀐다. 전쟁에 참여했다가 외상후스트레스장애를 얻은 사람들은 인근 공사장의 소음에도 놀라 불안에 떨거나 구석으로 숨는다. 교통사고를 당해 죽을 뻔했던 사람들은 이후 운전대를 잡지 못하는 경우가 많다. 연주 씨 마음속의 불안과 혼란 역시 그런 면에서는 당연한 결과이기도 했다.

"지금은 잠시라도 그 나쁜 감정에서 벗어나 있어야 합니다. 불안의 근원은 그 남자잖아요. 그 남자가 다시 접근하지 않을 거라는 생각이 든다면 조금 마음을 놓을 수 있을 겁니다. 제가 보기에 그런 유형의 사람들은 공감 능력이 절대적으로 부족한 반면 자기 이익을 챙기는 데는 매우 빠릅니다. 손해날 것 같은 행동은 안 할 거라는 얘기죠. 지금 그 남자는 '접근금지' 명령을 받은 상태니 함부로 행동하지는 않을 겁니다. 어쩌면 자신의 그런 처지를 약삭빨리 계산해, 옛 여자친구에게 집착하기보다 새로운 여자를 사귀는 편이 낫다는 판단을 내렸을지도 모릅니다."

"하지만 복수하러 오는 사람들도 있잖아요."

"그들 대부분은 복수를 애초부터 계획하고 오기보다는 욕심을 채우거나 이익을 챙기려고 찾아왔다가 충동적 행동을 하는 겁니다. 흉기를 들고 오는 경우도 그걸 쓰겠다는 생각보다는 위협하며 굴복시키려는 의도가 더 크다고 합니다. 찾아오는 것 혹은 복수하는 것이 손해라는 판단이 든다면 찾아올 가능성은 현저히 떨어집니다. 중요한 건 이거예요. 그 사람이 찾아올 가능성은 매우 낮다는 사실, 그리고 지금 걱정하고 불안해한다고 그 사람이 찾아오는 걸 통제할 수는 없다는 것이죠. 내가 어떻게 할 수 없는 부분에 대해 걱정하고 불안해한다면 연주 씨만 손해를 보는 거예요. 게다가 교도소에 있어야 할 사람이 외려 자유롭게 살고 있을지 모르는데, 정작 피해자인 연주 씨는 고통 속에 갇혀 지내고 있다면 그보다 억울한 일이 어디 있겠어요? 그냥 하고 싶은 거 하면서 재미있게 지내세요. 그리고 만약 그 사람이 다시 나타난다면 구체적으로 어떻게 할지 방편만 확실히 마련해두세요. 단호하게 대처하시면 됩니다. 가까이 접근하면 전화 한 통화로 해결되지 않습니까? 지나친 걱정은 오히려 해가 됩니다."

연주 씨가 겪는 고통은 현재가 아니라 과거에서 기인한 것이다. 그녀의 헝클어진 뇌세포 간 연결은 과거를 현재와 미래로부터 분리하지 않고 뒤섞어놓아 비현실적인 불안으로 인해 고통받게 만들었다. 이를 극복하게 해주는 것은 논리적 사고다. 물론 내가 논리적 사고로 유도한다고 해서 그녀의 불안이 금세 해소되지는 않는다. 그러나 불안으로 고통받을 때마다 의식적으로 논리적 사고를 반복하다보면, 비합리적 불안은 조금씩 가시게 된다.

죽음과도 같은 고통스러운 경험이 외상으로 남아 앞으로도 연주 씨를 괴롭힐 테지만, 중요한 것은 그녀가 고통을 다스리는 방법이 있음을 알게 되었다는 사실이다. 그녀는 자신의 현재 상태에서 가장 행복할 수 있는 길을 찾아가려고 노력 중이다. 시간은 그녀의 편이다.

———

영화 〈반지의 제왕〉에서 프로도는 절대반지가 왜 자신에게

잠시..., 생각할 시간이 필요해

왔는지 고민하며 회한과 우울감에 휩싸인다. 자신의 평온한 삶이 이상한 반지 하나로 무너졌다고 생각했기 때문이다. 그때 간달프는 절대반지가 왜 왔는지를 고민하는 것은 무의미하다고 말해준다. 그보다는 지금 이 순간 당면한 일에 '집중'하라고 일러준다.

'심리적 면역체계'가 작동해 좋지 않은 과거를 다시 긍정적으로 바라보도록 도와주기도 하지만, 이런 심리적 면역체계가 언제든지 작동할 수 있는 것은 아니다. 그러므로 '사실'을 직시하고 자신이 느끼는 부정적 감정들이 비이성적인 것임을 인식하면서 논리적 사고를 하도록 스스로를 훈련할 필요가 있다.

마음의 신호에 귀를
기울일 것

정체성이 잘 확립되어 있는 사람은 무력감에 빠지든 시련에 부닥치든 회복탄력성이 높다. 정체성 형성에는 두 가지 양식이 있다. 자기의식(self-consciousness)과 자기인식(self-awareness)이다. '자기의식'이란 자신의 가치를 타인의 시선에서 조정하고 형성하는 것을 가리킨다. 그리고 '자기인식'은 자신의 생각과 감정을 객관적으로 인식할 뿐 아니라 그 원인까지 폭넓게 이해해 그것이 주변 사람들에게 어떤 영향을 미치는지 아는 능력이다.

이 가운데 좀 더 중요한 것은 '자기인식'이라고 생각한다. 물론 사회화되는 과정에서 한 개인이 타인의 생각과 시선에 '반응' 하는 것은 매우 중요한 과정이다. 그러나 자기의식에만 매몰되어 있으면 진정한 자아는 외면한 채 보이기 급급한 인생을 살게 된다. 그런 점에서 대부분의 정신적 문제는 자기의식에 치중하면서 생기는 문제라고 봐도 틀리지 않다.

자기인식을 잘하려면 내면에서 보내는 신호를 무시하지 말고 그 감각에 집중해야 한다. 그래야 남의 시선에 맞춰 자신을 조정하느라 미처 돌보지 못했던 왜곡된 자아를 수정할 수 있다. 자기의식과 자기인식이 조화를 이루면 사회화의 정도가 적절한 수준에서 이루어져 고유의 정체성을 확립할 수 있게 된다.

1만 시간 이상 명상한 사람들의 뇌

위스콘신 대학교 심리학과 교수 리처드 데이비드슨(Richard J. Davidson)은 자기인식이야말로 행복하게 살아가는 데 중요한 요소라고 했다. 그러면서 자기인식 수준을 높이는 방법의 하나로 명상 수련을 제시했다.

그는 1만 시간 이상 명상을 한 사람들과 명상 초보자들의 뇌를 비교하는 연구를 시행했는데, 긍정적 사고와 감정을 담당하는 뇌 부위인 좌측 전전두엽의 두께가 명상을 오래 한 사람들이 훨씬 두껍다는 것을 발견했다.

과거 1970~1980년대에는 약물에 잘 반응하지 않는 간질 환자들에 대한 치료법으로 좌반구와 우반구를 연결하는 부위인 뇌량(腦梁, corpus callosum)을 절제하는 수술이 시행되곤 했다. 이후 뇌량이 제거되어 뇌의 연합능력을 잃은 이들을 연구하는 과정에서 뇌의 좌반구는 의미론적 분석을, 우반구는 정서적 인지를 담당한다는 사실이 밝혀졌다. 그리고 최근에는 뇌 활동을 관찰하는 영상 기술의 발달로 인간이 '기억하기' 같은 사고 활동을 할 때 좌측 전전두엽이 활성화된다는 점도 확인할 수 있게 되었다.

다양한 연구 성과를 종합해보면, 인간 뇌의 우측 전전두엽은 감정을 느끼는 쪽이고 좌측 전전두엽은 사고 능력에 덧붙여 감정의 의미를 분석하고 심지어 통제하는 역할을 한다는 추론이 가능하다.

결국 좌측 전전두엽이 발달한 사람일수록 특정 감정이 생겨날 때마다 그 감정의 원인을 정확히 파악하기 위해 생각하고 집중하는 능력이 뛰어나다고 할 수 있다. 이런 능력이 바로 자기인식의 기초가 되는 것이기에 데이비드슨 교수는 좌측 전전두엽의 발달이 궁극적으로는 자기인식의 수준을 높이는 데 중요한 역할을 한다고 봤던 것이다.

실제로 우리가 분노하거나 불안하거나 우울할 때면 뇌의 편도체가 활성화된다. 이때 그런 감정을 인식한 우측 전전두엽은 그 순간을 스트레스 상황으로 받아들이고 강력한 경계 상태로 들어간다. 반대로 기분이 좋거나 편안한 상태여서 긍정적 감정이 들 때는 좌측 전전두엽이 활성화된다.

데이비드슨 교수는 좌우 전전두엽의 기저 수준 활성화, 즉 안정된 상태일 때의 활성화 정도를 측정해보면 그 사람의 평소 기분을 알아볼 수 있다고 생각했다. 즉 우측 전전두엽의 활성화로 기울면 불행하다고 느끼거나 고민거리가 많아지고, 좌측 전전두엽의 활성화로 기울면 행복한 기분을 느끼고 열정에 찬다고 했다.

나아가 데이비드슨 교수는 자기인식 수준이 낮은 사람들은 자기기만에도 더 쉽게 빠진다고 보았다. 자기감정에 대한 인식만 있을 뿐 감정의 발생 원인을 제대로 통찰하지 못하면, 경계 상태로 들어간 뇌가 스트레스 상황을 해소하고자 어떻게든 인위적으로라도 그 수단을 만들어내려 한다. 그런 탓에 원인을 외부로 돌리며 자기만 옳다는 식으로 편견에 사로잡힐 수 있다.

　예를 하나 들어보자. 다른 사람의 애정을 갈구하면서도 속마음을 숨기거나 억누른 채 스스로가 매우 독립적이라고 생각하는 사람이 있다고 해보자. 이런 유형은 애인이나 배우자를 선택할 때 매우 엄격한 기준을 들이미는 경향이 있다. 상대로부터 사랑받지 못할 것이라는 두려움이 무의식에서 작용하기 때문에 그에 대한 일종의 반발로서 도리어 자신에게 완전한 사랑과 희생을 바칠 완벽한 상대만 바라게 되는 것이다. 즉 자기만의 프레임을 임의로 만들어놓고는 상대방이 거기에 맞춰주기를 바란다. 하지만 그런 기준을 맞춰줄 수 있는 사람은 이 세상에 존재하지 않는다. 사기꾼이나 위선자만이 자기 이익이나 욕심을 채우고자 하는 의도에서 잠시나마 그 기대를 충족시키게 되고, 그런 사기꾼이나 위선자는 자기 욕심을 채우고 나면 결국 그 사람을 떠난다.

자기인식 능력이 낮으면 자기 내면에서 생성되는 부정적 감정(분노, 수치심, 두려움)을 섬세하게 살피지 못하는 경우가 많고, 심지어 그런 감정을 주위 사람들에게 분출하고 있다는 사실조차 잘 모른다. 자신이 어떤 사고나 감정에 빠져 있는지 인식하지 못한다는 것은 변화의 가능성 자체를 차단하고 있는 것이므로 결코 좋지 않다. 좌측 전전두엽을 활성화하는 건강한 활동을 자주 해야 할 이유가 그것이다.

6장...,

잃은 게 있다면
얻은 것도 있다

생각을 뒤집어 긍정하기

생각을 바꾸면
세상도 변할 것이다. ─ 노먼 빈센트 필

미국 인디애나 주에 살던 스물다섯 살 여성 사라 커민스는 결혼식을 일주일 앞두고 날벼락을 맞았다. 예비 신랑의 어머니가 갑자기 돌아가시고 이런저런 일이 겹치면서 고대하던 결혼식이 취소된 것이다.

화려한 결혼식을 꿈꾸었던 그녀는 아르바이트로 3만 달러나 모았고 그 돈을 결혼식 피로연 비용으로 이미 지불했는데, 그 돈마저 환불되지 않는다고 했다. 결혼식도 못 치르고 애써 모은 돈도 날리게 된 절망적 상황이었다. 당신이라면 이제 어떤 선택을 하겠는가?

사라 커민스는 결혼식은 날아갔지만 그래도 뭔가 의미 있는 일을 하고 싶었다. 그래서 피로연을 취소하는 대신 그 연회에 지역 노숙인들을 초대하기로 했다. 그녀는 200명 가까운 노숙인에게 초청장을 보냈다. 인생 최대의 비극이 될 뻔했던 절망적 사건이 그녀의 과감한 '생각의 전환'을 통해 인생 최고의 가치 있는 일로 바뀐 것이었다. 2017년 7월 미국 인디애나폴리스에서 실제로 있었던 일이다.

이런 상황에 처한다면 누구나 사라 커민스처럼 이타적 선택을 할까. 언뜻 그럴 것 같지만 사실 모두가 그런 선택을 하는 것은 아니다. 대다수 사람들은 자신이 입은 손해를 조금이라도 만회할 다른 길이 있기만 하다면 그 방법을 택할 것이다.

하지만 손해를 만회할 길이 전혀 보이지 않는다면? 중요한 것은 바로 이때 어떤 선택을 하느냐에 따라 우리 삶은 완전히 달라질 수 있다는 사실이다. 지금 나는 착한 일을 해야 복 받는다는 이야기를 하려는 게 아니다. 어려움에 처한 순간 자신에게 가장 유리한 선택을 하는 방법을 생각해보자는 것이다.

잠시…, 생각할 시간이 필요해

살다보면 '정말 최악이다' 싶을 때도 있다

사라 커민스는 어차피 입을 손해라면 그것을 최소화하는 방법이 뭔지 '생각'했다. 그녀는 차선책을 택했다. 커민스는 돈을 되찾기는 불가능하다는 '현실'을 직시했다. 그래서 더 좋은 다른 길을 모색했고 마침내 그녀는 위기의 순간에 가장 빛나는 선택을 했다. 덕분에 결혼식이 취소되던 불행했던 순간과는 정반대 상태로 회복될 수 있었다.

커민스의 이야기는 매우 이례적이다. 하지만 커민스처럼 누구나 이런 위기의 순간을 맞는다. 사실 인생은 이런 위기의 연속이자 또 선택의 연속이지 않던가.

자신에게 가장 유리한 선택을 하려면 전제조건이 필요하다. 변할 수 없는 일, 변하지 않는 상황을 우선 '인정하는' 것이다. 커민스도 불행한 상황을 받아들이는 데서부터 시작했다. 그 상황을 어쩔 수 없어서 받아들이는 것일지라도 괜찮다. 단, 일단 받아들였다면 더는 미련을 두지 말아야 한다.

살다보면 생각지도 못한 일들이 앞을 가로막는 걸 누구나 경험한다. 도저히 넘을 수 없는 산이 눈앞에 펼쳐진 듯 큰일이 닥쳤다고 느낄 때도 있다. 그런데 어떤 일이 '생겼다'라는 것은 이미 그 일이 '과거가 되었다'라는 뜻 아닌가. 그럼에도 지나간 일에 집착하다보니 또다시 부정적인 감정이 생겨나고 도돌이표처럼 그 나쁜 감정이 우리의 사고를 지배하며 악순환한다. 그리하여 이성적으로 유불리(有不利)를 따져보지 못하게 방해한다.

이미 벌어진 일은 바꿀 수 없다. 아무리 불안해하며 고민하고 화를 내봐도 과거는 과거 그대로다. 그렇다면 과거가 아니라 우리의 생각을 바꾸는 편이 낫지 않을까.

현재의 조건에서 이익과 손실을 따지려면 과거의 특정 사건이 초래한 상황을 객관적으로 볼 수 있어야 한다. 그런데 대개 사람들은 어려움에 처했을 때 그 상황을 객관적으로 바라보기보다는 그저 비관적 인식에 빠져 있다. 아마도 누군가 혹은 뭔가에 계속 화를 쏟아내며 죄책감을 안겨주고 싶거나 스스로를 자책하고 싶은 것일지도 모른다.

이런 쓸모없는 감정에서 벗어나 현재 자신이 처한 상황의 다른 면을 발견할 수 있어야 한다. 현재 상황을 다른 관점에서 보는 것, 잠시 생각할 시간을 가지며 여유를 가져볼 필요가 있다. 복잡하게 얽히는 감정에서 멀어져 냉철한 생각으로 현상의 이면을 본다면 과거는 얼마든지 다르게 해석될 수 있다. 지금까지 계속 강조했듯이 중요한 건 현상이 아니라 해석이다.

내게 가장
유리한 길을 찾기

인정할 것을 인정하고 나면, 주어진 조건에서 자신에게 가장 유리한 결정을 하는 단계로 나아갈 수 있게 된다. 그런데 우울증이나 불안을 겪는 사람들은 이 단계에 돌입하지 못한다. 부정적 감정에 매몰되어 똑같은 생각만 수없이 반복하기 때문이다. 이런 상태에서는 사물이나 현상의 '다른 측면'을 보지 못하므로 긍정적인 점도 놓치기 쉽고, 그러다 보니 올바른 선택을 하지 못해 또다시 우울해지거나 절망에 빠진다.

슬픈 감정이나 우울한 마음을 뒤집어 유리한 결정을 하는 일에 번번이 실패했다면, 어릴 적 한 번쯤 읽어봤을 책을 참고하면 좋겠다. 영국 작가 다니엘 디포(Daniel Defoe)가 1719년에 발표한 소설 《로빈슨 크루소》다.

로빈슨은 외딴섬에 표류한 지 1년 반이 지날 즈음 대차대조표를 쓴다. 물론 금전이나 이익에 관한 대차대조표가 아닌, 현재 자신이 처한 상황에 대한 객관적 분석과 평가를 위한 대차대조표다. 그런데 이 사소한 행동 하나가 낯선 땅에 홀로 표류한 로빈슨이 이후 28년 동안 분노나 비탄에 빠지지 않고 꿋꿋이 살아갈 수 있도록 힘을 주었다. 도대체 어떤 내용이었기에 그랬을까.

■ 로빈슨 크루소의 대차대조표

나쁜 점	좋은 점
*나는 외딴 무인도에 표류했다. *세상에 오직 나 홀로 동떨어져서 비참한 생활을 하고 있다. *먹을 음식도 매우 부족하고 안전한 집도 없다. *입을 옷이 없다. *살기 위해 매일 힘겨운 노동을 하며 신경을 곤두세운 채 살고 있다. *나는 사나운 짐승들로부터 내 몸을 지킬 힘도 없고 무기도 없다.	*다른 조난자들처럼 생명을 잃진 않았다. *나는 신의 보호를 받은 행운아였으며, 신은 결국 이 상황에서도 나를 구출해 줄 것이다. *먹을 물과 음식을 구할 수 있고 지금은 어느 정도 저장도 해놓은 상태다. *옷을 입을 필요가 거의 없는 열대지방에 있다. *사막이나 자갈밭에서 굶어 죽는 것에 비하면 다행이고 행복한 상황이다. *이 섬에서 나는 사나운 짐승을 보지 못했다. 만약 굶주린 짐승이 우글거리는 아프리카 해안에 도착했다면 어땠을까?

잠시… 생각할 시간이 필요해

로빈슨은 그 어떤 상황도 절망만 가능할 정도로 절망적인 경우는 없다고 되뇌며 주어진 현실에 대한 대차대조표를 작성했다. 그러고는 자신이 더는 내려갈 데가 없는 최악의 상황에 '이미' 처했으므로 앞으로는 조금씩 나아질 수 있다고 생각한다.

로빈슨은 행복은 상대적인 것임을 무인도의 삶을 통해 일찌감치 깨달았다. 몇 끼를 굶다 고생고생해서 얻은 물고기 한 마리가 육지에 살 때 자신이 얻은 그 어떤 음식보다 맛있고 감사하게 여겨졌던 것이다. 그렇다면 로빈슨의 저 대차대조표는 자기 상황을 미화하고 과대평가한 것도, 긍정적인 면을 억지로 쥐어짜낸 것도 아니다. 그저 자기 앞에 놓인 삶을 있는 그대로 보되, 기존에는 보지 못했던 관점으로 본 것이다.

사실 긍정적 측면을 억지로 보게 하는 것은 우울감에 빠진 사람에게 별 도움이 되지 않는다는 실험 결과도 나와 있다. 1999년 심리학자이자 행동경제학자인 조너선 스쿨러(Jonathan W. Schooler)와 댄 애리얼리 그리고 조지 뢰벤스타인(George Loewenstein)은 실험에 자원한 대학생들에게 스트라빈스키의 〈봄의 제전〉을 들려주면서, 1번 그룹에는 그냥 편안히 음악을 들으라고 했고 2번 그룹에는 의식적으로 행복감을 느끼려는 노력을 하면서 듣도록 요청했다.

그런 다음 두 그룹의 행복감을 측정해봤다. 그 결과 의식적으로 행복감을 느끼고자 애썼던 집단의 기분 상태가 더 나빴다. 실험을 진행한 심리학자들은 실험 결과를 다음 두 측면에서 설명했다.

첫째, 의식적으로 행복감을 느끼려면 의식을 집중해야 하는데 음악을 듣는 행위가 그 집중을 방해해 짜증이 날 수 있다는 것이다. 둘째, 이 요인이 아마도 더 중요하게 작용할 텐데, 억지로 감정을 만들어내는 것은 뭔가 조작한다는 느낌을 유발하기 때문이라는 것이다. 아무리 좋은 것이라도 그것을 받아들이는 일이 자기기만이라고 느껴지면 우리는 그런 느낌을 아예 지워버리려는 속성이 있다.

그러므로 '느낌'에 사로잡혀 있기보다는 '분명한 사실'을 직시하는 태도를 가져야 한다. 로빈슨 크루소의 대차대조표 내용이 결국 '객관적 사실'을 인정하는 것이었듯이 말이다.

로빈슨 크루소는 객관적 사실을 열거한 뒤 그중 비교적 긍정적인 생각에 먹이를 주어 그 생각을 더 키우고 확장시켰다. 비록 소설이지만 로빈슨 크루소는 정신건강의학과 의사들이 주로 사용하는 정신치료 기법인 '인지치료'를 최초로 선보였던 것이 아닌가 생각한다.

인지치료란 상황의 부정적인 면과 긍정적인 면을 모두 보도록 한 뒤, 이를테면 잔에 물이 반밖에 없다고 생각하지 말고 반이나 남았다고 생각하도록 이끄는 방법이다. 꽤 효과적인 치료법이라 우울증 환자의 60퍼센트가 이 방법으로 호전을 보인다. 약물치료를 했을 때 얻는 효과와 비슷한 수준이다. 따라서 약물치료와 인지치료를 병행하면 그 효과는 더욱 높아지고 다시 우울증에 빠지는 경우도 비교적 적다.

얼마 전 내원한 30대 남성 기준 씨는 결혼을 앞두고 심한 불안감에 시달린다고 했다. 직장이 불안정해서 과연 가족을 잘 부양할 수 있을지 걱정이고 여자친구가 자신을 사랑하는지도 의심이 든다면서, 여자친구와 잠시라도 연락이 안 되면 안절부절못하게 된다고 했다.

나는 기준 씨에게, 결혼은 인생에서 겪는 가장 큰 스트레스 중 하나임을 전제한 뒤, 만약 '결혼'이 정말로 좋은 선택인지 의심이 든다면 로빈슨 크루소처럼 구체적인 내용을 담은 대차대조표를 작성해보라고 조언했다. 대차대조표상 유리한 게 많으면 결혼을 하면 되는 것이고 불리한 게 많으면 일단 미뤄놓고 다시 생각하면 되는 거였다. 사회적 체면이나 인간관계 때문에 끌려가듯 결혼했다가 뒤늦은 후회를 하는 것보다는 미리 꼼꼼히 살펴 나중에 생길 수 있는 불행을 막는 것이 나으리라는 생각에서였다.

　꼭 결혼 문제가 아니더라도 인생의 중대사를 결정해야 할 때 대차대조표를 써보면 실질적 도움이 된다. 아마 새로운 시각이 열리는 경험을 할 것이다.

그 코끼리에서 내려라

고전경제학에서는 우리 인간이 합리적으로 생각하고 선택하는 존재라고, 곧 호모 에코노미쿠스(homo economicus)라고 가정한다. 이런 생각에 따르면 경제 상황은 항상 최적점의 상태로 진전되는 경향을 보이고 궁극적으로 그런 상태를 유지하게 된다. 다시 말해, 사람은 어떤 선택을 할 때 모든 상황을 균등하게 고려하며 자기 이익을 극대화하는 방향으로 선택한다는 주장이다. 물론 이론적으로만 그렇다.

　'호모 에코노미쿠스'는 인간의 가장 이성적인 상태를 묘사하지만, 실상 우리는 그런 존재가 못 된다. 자신에게 유리한 선택을 위한 계산을 썩 잘해내지도 못할 뿐 아니라 상황의 유리한 면을 잡아채지 못할 때가 많다. 이성적 사고를 담당하는 전전두엽이 밀려드는 감정의 힘에 마비되어 제 기능을 못하는 경우가 적지 않아서다.

어떤 일을 겪었을 때 감정적 대응만 하면 자칫 싸움에 말려들거나 비합리적 판단을 함으로써 더 힘든 상황에 처할 수 있다. 그렇다면 오히려 '호모 에코노미쿠스'로 살기 위해 의식적으로 노력해야 하지 않을까. 자신에게 진짜 이익을 가져다주는 선택이 무엇인지 현명하게 따져보자는 것이다.

그런데 우리가 호모 에코노미쿠스로 살지 못하는 것은 거대한 무의식의 작용 때문이다. 조직심리학과 행동경제학 연구자인 칩 히스(Chip Heath)와 댄 히스(Dan Heath)가 쓴 책 《스위치(Switch)》는 인간의 무의식과 의식을 코끼리와 기수에 비유한다. 인간의 무의식은 코끼리와 같고 의식은 그 코끼리 위에 앉아 코끼리를 조종하는 기수와 같다는 것이다.

그런데 무의식인 코끼리는 힘이 세고 부지런하지만 똑똑하지 못하고, 기수인 의식은 똑똑하지만 힘이 약해 쉽게 지친다. 무의식 코끼리는 평소에는 온순하고 기수의 말을 잘 따르는 편이며 기수가 많은 시간 한눈을 팔더라도 대부분 스스로 알아서 일을 처리하곤 한다. 그러나 가끔 이 코끼리가 기분 나쁜 자극으로 인해 사납게 돌변하거나 침울해져 꼼짝하지 않게 되면 기수인 의식의 명령을 따르지 않을 때가 있다는 것이 문제다.

《스위치》의 저자들은 행동경제학 측면에서 세 가지를 제안한다. 첫째, 기수에게 방향을 제시하라. 둘째, 코끼리에게 동기를 부여하라. 셋째, 지도를 구체화하라.

나는 이들과는 조금 다른 각도에서 딱 한 가지만 제안하고 싶다. 당신의 코끼리가 미처 날뛰거나 힘들다며 퍼져 있거나 엉뚱한 길로 가겠다며 고집한다면 '일단' 그 코끼리에서 내려라! 코끼리를 단단히 묶어놓은 뒤 거기서 조금 떨어진 채, 생각을 뒤집어보기도 하고 다른 각도에서 보기도 하면서 어느 것이 자신에게 더 유리한지 찾아보라는 것이다. 코끼리에서 내려 깊은 숙고 과정을 갖는 것이 바로 '호모 에코노미쿠스'의 상태라고 할 수 있다.

예시를 하나 들자면, 말다툼을 하던 배우자가 "어떻게 나한테 이럴 수 있어? 당신 이러고도 사람이야?"라고 했다고 해보자. 꼭 배우자가 아니더라도, 직장상사나 가족 중 누군가가 이런 자극적 언사로 나를 비난한다면 어떻게 반응하겠는가? 당신

잠시... 생각할 시간이 필요해

역시 치밀어 오르는 감정을 바로 뱉어내는가? 아니면 상대가 왜 이런 말을 하는지 상황을 파악해보는가? 만약 "그래, 나 사람도 아니다. 그러는 넌 뭘 그리 잘했는데?"라고 반응한다면, 무의식 코끼리의 난동에 자신을 무력하게 내맡기는 습관이 배어버린 것인지도 모른다.

심리학자이며 부부관계 코칭 전문가이기도 한 존 가트맨(John Gottman)은 수많은 부부의 대화 모습을 녹화해 그 패턴을 분석한 뒤 이후 그들의 부부관계가 실제로 어떤지 추적조사를 해보았다. 그 결과, 가트맨은 부부의 대화 장면을 15분만 살펴봐도 그들의 이후 삶을 예측할 수 있게 되었다. 심지어 단 3분 동안의 대화만 분석해도 부부관계가 4년 안에 깨질 가능성을 94퍼센트 정확도로 예측할 수 있었다.

가트맨의 분석에 따르면, 이혼이나 원만하지 못한 대인관계는 당사자들의 약점이나 실수가 직접적 원인이 아니었다. 즉 배우자가 외도를 했다거나 낭비가 심하다거나 성적 취향이 너무나도 다르다는 것 등이 이혼의 직접적 사유는 아니라는 이야기다. 결국 문제 자체보다는 문제를 풀어나가는 방식이 더 중요하다는 말이다.

문제를 현명하게 풀어나가려면 순간적으로 감정에 휘둘리

지 말아야 한다. "화내지 말고 차분하게 이야기해봐. 뭐가 문제지?" 혹은 "미안해. 나 때문에 화가 났구나. 그래도 조금만 흥분을 가라앉히고 이야기해보자"라고 말할 수 있어야 하는 것이다. 그러려면 일단 솟아오르는 감정에서 잠시 멀어져야 한다.

인생을 살면서 만나는 갈등 그 자체는 우리에게 해로운 것이 아니다. 그 갈등을 어떻게 해석하고 풀어나가느냐에 따라 삶은 풍요로워질 수 있고 대인관계도 돈독해질 수 있기 때문이다.

어차피, 문제없는 인생은 없다

최악의 관계는 모든 문제를 상대방 탓으로 돌리며 비난과 모욕을 서슴지 않는 것이며, 이런 관계는 결국 돌이킬 수 없는 지경에 이른다. '개인심리학'의 창시자 알프레드 아들러(Alfred W. Adler)에 따르면 우리가 화를 내는 것은 상대방의 어떤 행동 때문이 아니다. 《미움받을 용기》의 저자 기시미 이치로(岸見一郎)는 재미있는 비유로 아들러의 주장을 부연해준다.

커피숍에서 종업원이 실수로 커피를 쏟아 옷을 버렸을 때 사람들은 대개 화를 내겠지만 만약 아름다운 여성이나 잘생긴 남성이 그랬을 때는 괜찮다고 말할 가능성이 높다. 똑같은 상황이 벌어졌으나 상대에 따라 반응은 달라지는 것이다. 현 상황에 대한 의미 부여가 달라지면 과거나 미래 역시 달라진다.

20대 남성 병준 씨는 사람들 만나기가 싫고 꺼려진다면서 스스로 진단하기를 "어린 시절에 겪은 결핍이 원인인 것 같습니다"라고 했다. 아버지와 어머니는 사이가 좋지 않았는데, 특히 아버지는 일을 핑계로 거의 집에 들어오지 않았다고 했다. 생활비만 줄 뿐 가정을 거의 돌보지 않았으며, 그런 탓에 병준 씨는 어머니의 푸념을 귀에 못이 박이게 들으며 살았다. 그래서 아버지가 너무 밉다고 했다. 그러면서도 어릴 적엔 아버지와 함께 사는 친구가 부러웠다고 했다.

"두 분 사이가 좋았다면 더할 나위 없었겠지만, 나쁜 건 어쩔 수 없는 '사실'이잖아요? 만약 아버지가 늘 집에 계셨다면 병준 씬 행복했을까요?"

"아니요. 어머니와 아버지가 늘 싸웠겠죠. 어쩌면 전 그 상황을 견디지 못해 가출했을지도 몰라요."

"그렇다면 말이에요, 아버지가 집에 잘 안 계셨던 게 어쩌면 다행이라고 볼 수도 있지 않을까요? 안 그랬다면 병준 씨는 부모님의 부부싸움과 어머니의 푸념, 그로 인한 온갖 스트레스까지 모두 경험해야 했을 테니까요. 그래도 아버지께서 생활비는 꼬박꼬박 보내주셨잖아요."

"보통 아버지들은 그 이상을 하시지 않나요?"

"굳이 비교를 하자면 그렇겠지만, 인생의 고통은 바로 그런 비교에서 출발하는 걸 수도 있지요. 물론 다정다감하면서 돈도 잘 버는 아버지들도 많습니다. 그러나 병준 씨 아버지보다 훨씬 못한 아버지들도 많아요. 축구공은 농구공 옆에 놔두면 작게 보이지만 야구공 옆에 놔두면 크게 보이지요. 나보다 더 잘나가는 사람은 언제 어디에나 존재하기 마련입니다. 비교를 하는 순간 우울과 고통은 시작될 수밖에 없어요."

아들러는 우리는 모두 우월해지고 싶어하고 그런 방향으로 갈 수밖에 없음을 인정한다. 그러나 진정한 의미의 '우월성 추구'는 인생의 문제를 슬기롭게 극복해내는 것이라고 했다. 아들러는 비 내리는 상황을 예로 들어 설명한다.

비와 맞서 싸우는 것은 부질없는 짓이다. 내리는 비를 그만 내리게 할 수는 없으니 그 비에 짜증을 내거나 푸념하거나 분노하기보다는 우산을 쓰거나 택시를 타는 쪽을 선택하면 된다. 그런데 자신의 '우월성'을 증명한답시고 비에 맞서 싸우느라 시간을 허비하고, 결국 불리한 결정을 반복하는 사람들이 적지 않다. 아들러는 그 원인을 그 사람의 생활양식(life style)에서 찾는다. 이러한 진단은 어린 시절에 굳어진 사고와 결정의 패턴이 그 사람의 대인관계를 좌우한다는 의미이기도 하다.

하지만 생활양식을 바꾸기가 마냥 어려운 일만은 아니다. 과거 그리고 현재를 있는 그대로 받아들이고 우리 모두가 공히 갖고 있는 전전두엽의 기능 곧 이성을 활용해 잠시 생각해보는 시간을 갖고 자신에게 가장 유리한 선택을 하면 되는 것이다. 아들러는 강조한다. "중요한 것은 무엇이 주어졌느냐가 아니라 주어진 것을 어떻게 활용하느냐다."

병준 씨가 자신의 결핍된 부분을 붙잡고 푸념만 하는 것은 주위 사람들과 비교하는 생활양식이 배어 있는 탓이다. 이런 잘못된 생활양식에서 벗어나려면 있는 모습 그대로 자신을 받아들이고 그러한 여건에서도 '가치 있는 것'을 찾아내야 한다. 이를테면 내성적이라는 말은 뒤집어 생각하면 신중하다는 말일 수 있고, 산만하다는 말은 뒤집어보면 시야가 넓다는 말이 될 수 있다. 지금의 모습 그대로도 괜찮다면서 불완전한 자신을 인정하는 용기가 필요하다.

어차피,
고통 없는 세상도 없다

아들러가 우리에게 사고를 바꿔 행복으로 가는 계기를 마련해 준다면, 행복을 더 구체화하도록 도와줄 사람은 나중에 '붓다'라고 불린 고타마 싯다르타이다. 나는 붓다를 종교 지도자가 아니라 철학자이자 사상가, 행동가라고 생각한다.

붓다 혹은 부처는 '깨달은 자'라는 뜻이다. 그 깨달음의 핵심은 '집착'이다. 사람은 불쾌한 경험을 하면 그것을 없애려고 집착하고, 즐거움을 경험하면 그것을 지속하거나 더 많이 가지려고 집착한다. 그럼에도 우리는 결코 불쾌한 경험에서 벗어날수 없고 즐거움을 지속시킬 수도 없다. 결국 집착은 항상 불만과 욕망을 갖게 해 고통의 원인이 된다. 이 운명의 굴레에서 누구도 벗어날 수 없다. 그러나 싯다르타는 악순환에서 벗어나는 '방법'이 있음을 깨닫는다.

그 방법이란 현상이나 사물을 '있는 그대로' 이해하는 것이다. 슬픈 일을 겪었을 때 그 슬픔이 사라지게 하는 데 집착하지 않는다면 비록 슬픔은 느낄지라도 고통스럽지는 않다. 또한 즐거움을 느끼더라도 그 즐거움이 지속되는 것에 집착하지 않는다면 즐거움이 사그라지는 것 역시 고통스럽지 않다.

하지만 사람들은 고통은 회피하고 즐거움은 추구하려는 본능을 갖고 있다. 전쟁이나 살인 사건 같은 엄청난 비극도, 다리를 긁는 사소한 행동도 실은 즐거움을 추구하는 본능에서 비롯된다는 점에서는 유사한 행위다. 심지어 우리는 그렇게 소원하던 것이 이루어졌다고 만족하는 것도 잠시뿐 또다시 불만이 생겨 화를 내고 가지지 못한 것이 있어 우울해한다. 붓다는 이렇게 순간순간 일어나고 순간순간 변하는 무수한 감정을 고통의 원인으로 봤다.

우리 마음이 이처럼 수시로 변한다는 사실만 간파해도 우리는 좀 더 행복해질 수 있다. 사람은 여러 가지 얼굴로 살아간다. 지금 좋은 것도 나중에는 싫어질 수 있다는 사실을 명심한다면 딱히 마음 상할 일도 없다. 세상 어느 누구도 내 마음에 들기 위해 태어나지는 않았으니 말이다. 그렇다면 누가 마음에 안 든다고 불평하거나 미워하는 게 오히려 욕심이고 집착이지 않을까. 이 사실을 받아들인다면 누구에게도 기대하는 마음을 품지 않게 되고, 그럼 실망하는 법도 없다. 기대하지 않는다는 것은 상대를 무시한다는 의미가 아니다. 단지 그 사람을 있는 그대로 본다는 것이다. 있는 그대로 봄으로써 내가 내 마음의 감정적 간섭을 덜 받으면 편견이 줄 수 있다.

우리의 뇌세포는
특별한 능력이 있다

그런데 슬픔에 잠겨 있거나 화가 치솟을 때, 아무리 내가 내 마음을 관찰하는 입장이 된다 해도 과연 기분이 쉽게 좋아질 수 있을까? 부정적 감정에서 긍정적 감정으로 단번에 옮겨가는 일이 그리 쉬울까? 놀랍게도 뇌과학 연구 결과를 보자면 이는 충분히 가능한 이야기다. 정반대 감정이라고 해서 대립되는 것은 아니기 때문이다.

우리가 곧잘 오해하는 것이 있는데, 행복과 불행은 상반되는 개념이므로 우리 뇌에서 공존할 수 없다고 여기는 것이다. 그래서 우리는, 두 가지 감정을 동시에 느끼는 것은 불가능하다는 생각에서 일단 비탄에 잠기면 즐거운 느낌이나 행복한 느낌은 아예 차단하고 외면한다. 그러나 현실에서 우리는 두 가지 감정을 동시에 느낄 때가 의외로 많다. 그러니 웃고 있지만 슬픈 느낌이 든다는 의미로 '웃프다'라는 말까지 생겨난 것 아니겠는가. 그럼에도 행복과 불행에 대해서는 여전히 이분법적 구분을 한다.

예전에는 뉴런(neuron)이 사춘기 이후 변화하지 않는다고 배웠는데, 최근의 연구 성과에 따르면 소위 '가소성(plasticity)'이라 부르는 뇌세포의 특별한 능력 덕택에 우리 뇌는 우리가 죽는 그날까지 계속해서 변화를 겪을 수 있다고 한다. 물론 그러려면 끊임없는 외부 자극이 필요하다. 즉 뇌 가소성은 우리의 노력 여하에 달렸다.

뇌신경과학자 안토니오 다마지오(Antonio Damasio)는 양전자방사단층촬영(PET)으로 행복한 사람과 슬픔에 빠진 사람의 뇌 영상을 찍어 비교했는데, 이 둘의 뇌 영상이 대립적이지 않았다. 물론 활성화 부위와 비활성화 부위가 약간씩 달랐지만 겹치는 부분도 많았다. 즉 뇌의 활성화 부위가 아주 큰 차이를 보이는 것은 아니므로 약간의 노력만으로도 기분이 긍정적인 쪽으로 기울게 할 수 있다는 주장이었다.

이 역시 '의식적인 노력'이 필요한 일이다. 불행하다고 느낄 때라도 이성적으로 판단해 긍정적인 생각과 좋은 기분을 느끼는 쪽으로 노력을 기울여야 한다는 것이다. 앞서도 강조했듯, 자신에게 가장 유리한 결과를 가져다주는 생각에 먹이를 줘야 한다.

우리 뇌에서는 매 순간 여러 가지 자극에 따른 감정들이 경합을 벌인다. 그중 어느 것을 선택할 것인가. 아무것도 선택하지 않고 내버려두면 분노와 불안과 우울감이 스스로 몸집을 키워 우리 자신을 지배할 수 있다. 무의식과 감정은 언제 어디서든 부정적 방향으로 흐르면서 우리를 힘들게 할 수 있다. 이때 그 감정이 이끄는 대로 따라간다면 우리의 인생 역시 원하지 않는 방향으로 흐르게 된다. 감정이 아니라 이성으로 나 자신의 무의식을 들여다보는 훈련이, 그래서 필요하다.

이미 일어난 일은 말 그대로 '과거'일 뿐이다. 내가 걱정하거나 화를 낸다고 해서 '과거'가 바뀌지 않음을 인정하자. 순간적으로 치솟는 감정은 합리적 판단을 하는 데 전혀 도움이 되지 않는다. 감정이 솟구칠 때면 그것이 내면의 무의식 코끼리의 움

직업이라는 것을 재빨리 알아채고 그 코끼리에서 일단 내려야 한다. 그런 다음 상황을 객관적으로 정리하고 판단해보자.

이때 가장 효율적인 방법은 좋은 점과 나쁜 점을 열거하며 대차대조표를 작성해보는 것이다. 그리고 어떤 '판단'이 필요하다면 '현재'에 관한 대차대조표에서 '이익'이 발생하는 방향으로 결정하라.

7장...,

아픈 눈으로
세상을 보면
누구나 아프다

우울감에서 벗어나기

때로는 기쁨이 미소의 근원이지만
때로는 미소가 기쁨의 근원이 되기도 한다.   틱 낫 한

친밀하게 지내던 지인에게 사기를 당해 오랜 기간 법정 소송을 이어가던 40대 여성 정미 씨는 삶에 의욕을 잃은 지 오래인 데다 최근에는 우울증까지 겹친 상황이었다. '어떻게 이런 어이없는 사기를 당할 수가 있지!' 하는 생각에 스스로에 대한 믿음도 자신감도 잃었고, 사기를 당했다는 사실 자체보다 자기 자신에 대한 부정적 감정 때문에 더 힘겨워 보였다.

"저 자신이 너무 싫어요. 한번은 동네 아주머니가 보더니 못 알아볼 뻔했다며 무슨 일 있느냐고 하더군요. 예전에는 외출할 때 기초화장이라도 하고 옷도 어느 정도 갖춰입고 나가는 편이었는데 그날은 완전 거지꼴을 하고 있었거든요. 엘리베이터를 타고 집으로 올라갈 때 거울에 비친 제 모습을 보니 제가 봐도 심각하더라고요. 스스로를 학대하는 느낌이랄까…… 그 순간 진짜 우울했어요."

정미 씨는 자신이 우울증에 걸려 그런 모습으로 다닌 것이라고 생각하고 있었다. 하지만 내가 보기에 그녀는 그런 모습으로 다니기 때문에 우울증이 갈수록 심해지는 것 같았다.

우울한 사람들의 두 가지 특징

우울증을 앓는 사람들은 사고방식에서 크게 두 가지 특징을 보인다. 먼저 자존감이 아주 낮아져 자기 자신을 부정적으로 바라본다. 다른 하나는 인생 혹은 미래에 대한 통제감을 잃고 그로 인해 무력감을 느낀다.

이 두 가지 중 특히 '무력감'과 관련해서는 미국 펜실베이니아 대학교 교수이자 긍정심리학을 창시한 마틴 셀리그먼의 초기 실험에 주목해볼 필요가 있다. 마틴 셀리그먼은 개를 우리에 가두고 그 바닥에 전기를 통하도록 한 뒤 수시로 전기 충격을 가하는 실험을 했다. 우리에 갇힌 개들은 그 고통을 고스란히 견뎌낼 수밖에 없었다.

어느 정도 기간이 지난 후 셀리그먼은 그 개들을 고통의 우리에서 꺼내 자유로이 드나들 수 있는 우리로 옮겨놓았다. 그런 다음 우리에 전기 충격을 가해보았다. 이상하게도 얼마든지 도망칠 수 있는 자유로운 우리로 옮겨놓았는데도 대다수가 피할 생각은 하지 않고 주저앉아 낑낑대기만 했다. 이른바 '학습된 무력감(learned helpless)'에 빠진 것이다. 학습된 무력감이란 자신에 대해 그리고 상황에 대해 통제력을 잃었다고 느낄 때 보이는 반응이다.

그런데 마틴 셀리그먼은 일부 개들은 '학습된 무력감'에 빠지지 않는다는 중요한 사실 또한 발견한다. 즉 우리를 박차고 나가는 개들도 있더라는 것이다. 이 실험 이후 셀리그먼은 '낙관적인 사람들'을 연구 대상으로 삼아 이른바 '긍정심리학'을 탄생시키게 된다.

셀리그먼은 우리 삶을 둘러싼 외적 환경보다는 우리 마음의 작용 곧 내적 환경에 따라, 역경을 이겨내는 능력은 물론 행복의 정도에도 차이가 생긴다고 말한다. 역경에서 벗어나 행복을 누리는 사람이 되려면 남이 만든 기준이 아니라 스스로의 기준으로 자신을 평가할 줄 알아야 한다는 것이다.

우리 가정이 단란하다면 이웃이 아무리 비싸고 크고 좋은 집에 살아도 부럽지 않은 사람, 그런 사람이 역경을 만났을 때도 더 잘 이겨내고 더 쉽게 행복해질 수 있다는 이야기다. 이런 사람은 역경을 만났을 때, 즉 자신이 통제할 수 없는 상황과 맞닥뜨렸을 때도 스스로의 강점을 되새기고 어려운 상황 속에서도 긍정적 측면을 찾아낼 줄 안다. 생각을 바꿔 다른 무언가를 '인지'하는 것이다.

미국의 정신과 의사 아론 벡(Aaron T. Beck)은 바로 여기에 착안해 '인지치료'를 개발했다. 아론 벡은 우울증 환자들이 자신과 세상 그리고 미래에 대해 지나치게 부정적인 관점을 가지고 있으며, 그러한 태도가 건강한 삶의 의지를 꺾고 무력감을 일으킨다고 봤다.

이는 앞서 셀리그먼이 실험으로 확인했던 '학습된 무력감'과 유사한 상태라 하겠다. 아론 벡의 환자들은 자신이 겪는 증세를 설명할 때 부정적 생각을 자주 표출했으며, 그런 부정적 생각은 부지불식간에 떠오르는 듯 보였다. 그 '자동적 사고'가 인식을 왜곡해 지속적으로 우울감을 일으키는 것이었다. 아론 벡은 우울증의 원인이 특정한 상황에 있다기보다는 '상황에 대한 지각'에 있다고 봤다.

그리하여 아론 벡은 환자가 지각의 현실성을 회복하도록 도왔다. 아론 벡은 그것이 우울증 극복의 첫 단계라고 믿었다. 자동적으로 일어나는 부정적 사고를 같은 상황에 대한 객관적이고 합리적인 견해와 비교하고 검토하도록 함으로써 자신의 지각이 얼마나 왜곡되었는지를 스스로 알아차리도록 한 것이다. 이것이 '인지치료'의 핵심이다.

어두운 감정의 쳇바퀴에서 빠져나오려면

나는 정미 씨에게 인지치료 행위의 일부로서 다음과 같은 질문을 던져보았다.

"그래도 이번 일로 얻은 게 있지 않아요?"

"네. 사람을 함부로 믿어선 안 된다는 거요. 사람과 인연을

맺을 때는 신중해야 한다는 것도요. 사실 제가 평소에도 사람들한테 잘 속아요. 그래서 빌려주고 못 받은 돈도 제법 되죠. 주위에서 누가 '저 사람 조심해'라고 말해도 전 왜 사람을 못 믿느냐며 그 사람들한테 도리어 잘난척했거든요. 아무래도 제가 사람 보는 눈이 없나봐요. 이번 일을 계기로 아무나 믿지 않기로 했어요."

정미 씨는 자기도 모르는 사이에 '이 사업이 망하면 내 인생은 이제 끝이야'라는 부정적 사고를 자동적으로 작동시키고 있었다. 어릴 때 부모로부터 제대로 하는 게 없다는 이야기를 자주 듣고 자란 터라 늘 자신감이 부족한 편이었다. 그녀 안의 부정적 상황 지각이 불안감을 유발했고 그렇게 불안해하며 비즈니스에 임하다 보니 성과도 낮아져 결국 또 불행한 결과로 이어졌다. 그러면 다시, '역시 부모님 말이 맞았어' 하면서 자존감이 바닥을 치게 된다.

그러나 이런 악순환에서 빠져나와 상황을 객관적이며 합리적인 눈으로 들여다보면 매우 다른 해석이 나올 수 있다. 물론 그녀의 사업이 이전보다 위험도가 높아진 건 맞지만 객관적 평가를 거듭하면서 그녀는 자신의 사업이 무너질 확률보다 버텨나갈 확률이 높다는 사실을 인지하게 되었다. 이런 '낙관적' 판

잠시…, 생각할 시간이 필요해

단에 따라 소송 과정도 담담히 받아들이게 되었다.

우리는 '낙관편향 성향'을 갖고 태어난다

사실 낙관적으로 살아가는 것은 어려운 일이 아니다. 인간은 누구나 굳이 애쓰지 않아도 '낙관편향'이라는 특성을 본능처럼 갖고 태어나기 때문이다. 내가 투자하면 대박이 날 것 같고, 내가 집을 사면 집값이 오를 것 같으며, 누가 뭐래도 내 자식은 왠지 좋은 대학에 들어갈 것만 같다. 이런 낙관편향은 건강하게 오래 사는 것, 그리고 경제적 측면에서도 유리하게 작용하기 때문에 진화적으로 각인되어 있다.

심리학자 에일리아 크럼(Alia Crum)과 엘런 랭거(Ellen Langer)는 낙관편향 성향을 만들어내는 요인이 무엇인지 알아보고자 했다. 그래서 이들은 호텔에서 룸서비스를 담당하는 종업원들을 대상으로 실험을 했다.

호텔 종업원들은 매일 평균 열다섯 개의 방을 청소했으며 손님들의 짐을 들고 오르락내리락하는 일도 했다. 당연히 이들의 활동량은 헬스클럽에서 오랜 시간 운동하는 사람의 운동량 못지않았다.

크럼과 랭거는 이들의 노동에 따른 운동량이 아주 많은데도 정작 그들 자신은 이 사실을 모르고 있다는 생각에서 만약 그 노동이 자신들 건강에 얼마나 이득을 주는지 구체적 수치를 알려준다면 어떤 변화가 생길지 궁금했다. 과연 자신의 일이 건강에 실질적 도움을 준다는 사실을 '단순히 알기만' 해도 그들의 체중이나 혈압에 긍정적 변화를 가져올 수 있을까?

크럼과 랭거는 호텔 종업원들을 두 그룹으로 나누어 1번 집단에는 운동의 이점과 하루에 소비하는 칼로리의 양을 구체적으로 알려주었다. 즉 15분 동안 시트를 가는 일은 40칼로리, 15분 동안 진공청소기를 돌리는 일은 50칼로리, 15분 동안 화장실을 청소하는 일은 60칼로리를 소비한다고 세분해 소상히 알려준 것이다. 그리고 이런 자료를 배포하고 눈에 잘 띄는 곳에 부착해두기도 했다.

한편 2번 집단에는 운동의 이점에 관한 일반적 정보만 알렸고 그들이 소비하는 칼로리에 대한 정보는 구체적으로 알려주지 않았다.

잠시..., 생각할 시간이 필요해

한 달 뒤 실험을 끝내고 그들의 건강 진단 결과를 분석했다. 놀랍게도 자세한 정보를 알려준 1번 집단은 체중 및 체질량 지수 그리고 허리둘레가 줄었으며 혈압도 낮아졌다. 그러나 일반적 정보만 전달받은 2번 집단에서는 이 같은 변화가 보이지 않았다.

식습관, 흡연, 음주 등 평소 생활방식은 하나도 바뀌지 않았음에도 두 집단 사이에 이런 차이가 나타난 까닭은 무엇일까? 연구자들은 그것이 '위약 효과'의 힘이라고 믿었다. '이런! 그동안 내가 하는 일이 이렇게 좋은 운동이었어? 운동할 시간이 없다고 투덜댔는데 이젠 그럴 필요가 없겠네!'

자신의 일과 생활에 대한 해석이 '긍정적으로' 달라지자 그것이 좋은 효력을 발휘해 실제로 건강을 증진했다는 것이다. '위약 효과'란 어떤 행위를 하거나 조치를 취한 후 그 효과에 대한 믿음을 갖는 것이며 또 스스로 낙관편향 성향을 만들어내는 것을 말한다.

여기서 중요한 점은 '사실을 정확히 아는 것'만으로도 낙관편향 성향이 생겨나 활발한 신진대사를 가능하게 한다는 것이다. 자신의 현실 속에 숨겨진 긍정적 측면을 발견해 사실 그대로 받아들이는 것만으로 낙관편향이 생겨날 수 있도록 우리 뇌는 진화했다.

낙관편향 성향이
일시적으로 사라지면

익히 봐온 그림이지만 다시 한 번 살펴보자. 이 그림을 처음 대한 사람들은 대부분 모피를 입은 젊은 여성을 본다. 하지만 그림을 제시하는 사람이 '질병'이나 '암'이라는 단어를 함께 제시하

면 젊은 여성보다 노파를 먼저 찾을 확률이 높아진다.

앞서 언급했듯이 우리 뇌는 본성상 낙관적으로 편향되어 있기 때문에 보통은 좀 더 긍정적인 이미지(젊은 여성)를 먼저 찾아낸다. 그런데 '질병'이나 '암'이라는 단어를 제시한다는 건 어떤 의미인가? 우리 뇌의 낙관편향 성향을 일시적으로 중단시키는 것이다. 그래서 보다 부정적인 이미지(노파)가 먼저 눈에 들어오거나 젊은 여성과 동시에 인지된다.

우울증이나 불안장애를 가졌다는 건, 말하자면 낙관편향 성향이 일시적으로 사라진 상태인 것이다. 어느 누구도 자신이 병들거나 실직하거나 이혼하리라고 전망하거나 상상하며 살지는 않는다. 심지어 불의의 사고로 신체에 장애가 생긴 사람들조차 단기적으로는 우울증에 빠질지라도 대부분은 다시금 낙관편향 성향의 위력을 되찾는다.

"예전에는 지금처럼 다른 사람에게 감사하며 살지 않았죠."

영화 〈슈퍼맨〉의 주인공 크리스토퍼 리브(Christopher Reeve)가 승마 대회에 참여했다가 말에서 떨어져 전신마비가 된 뒤 했던 말이다.

낙관편향 성향을 잃어버리면 우울과 낙담의 고통이 악순환하게 되고 거기서 좀처럼 헤어나오기가 어렵다. 또한 미래의 일을 긍정적으로 상상하지 못해 비관적으로만 그리는 경향을 갖게 된다. 낙관편향 성향이 사라진 자리에 부정편향 성향이 끼어들기 때문이다.

이런 사람들의 뇌를 촬영한 영상을 보면 실제로 전대상피질(ant. cingulate cortex)과 편도체가 기능부전을 보인다. 편도체는 감정, 특히 부정적 감정을 일으키는 데, 그리고 전대상피질은 전전두엽과 편도체를 비롯한 감정 담당 뇌 부위를 연결해 감정을 조절하는 데 중요한 역할을 한다. 낙관편향 성향이 강한 사람은 이 두 부위의 연결이 잘되는 반면, 우울감과 무기력에 빠진 사람들은 이 두 부위의 연결이 약하다. 그러므로 결국 우울증이란 '낙관주의의 실패'라고도 말할 수 있다.

왜 본능과도 같은 낙관편향 성향을 잃게 되는 걸까? 이유는 분명하지 않지만, 우울증을 겪는 사람들의 절반쯤은 아무래도 성장 환경에 그 원인이 있는 것으로 보고되고 있다. 강압적이거나 가혹하게, 심지어 학대까지 받으며 자란 사람은 낙관과 희망의 끝에서 큰 실망을 자주 경험한 탓에 부지불식간에 낙관편향 성향을 갖지 않으려 노력하게 된다. 잦은 실망을 겪는 고통으로부터 스스로를 지키려는 무의식적 반동이라고 할 수 있다. '그래봐야 아무 소용 없어. 나를 사랑해줄 거라 기대했다가는 또 실망할 거야. 아예 기대를 하지 말아야지.' 이런 생각이 마음속 깊이 뿌리는 내리는 것이다.

감정의 진폭을 줄여야 '유리한 판단'이 가능하다

프로작(prozac)이라는 약이 있다. 뇌의 신경전달물질 중 하나 인 세로토닌(serotonin)을 선택적으로 증가시키는 항우울제다. 1980년대에 이 약이 처음 출시되었을 때 제약사 릴리(lilly)는 기막힌 광고 문구로 마케팅을 벌였다. 파티장에서 여러 사람이 피아노를 치며 노래 부른다. "우리는 행복해요. 프로작 덕분에." 이 광고 덕분에 프로작은 '해피메이커(happy maker)'라는 별칭 으로 통용되기도 했다. 릴리 사는 나중에 이 약을 '라이프 세이 버(life saver)'라고 광고하기도 한다.

그러나 실상 프로작 같은 항우울제는 사람들을 결코 행복하 게 만들어주지 못한다. 이런 약물은 그저 좀 더 행복해질 수 있 는 조건을 만들어줄 뿐이다. 전두엽이 전대상피질을 통해 감정을 조절하는 데는 세로토닌이 중요한 역할을 한다. 이를테면 기수가 코끼리를 통제하는 수단이 바로 세로토닌이라 할 수 있다. 이 수단이 고장 나거나 약해지면 기수는 코끼리에게 위압당해 어쩔 도리가 없게 된다. 그럴 때 프로작 같은 약물을 쓰면 세로토닌 분비를 강화해준다.

한마디로 프로작 같은 약물은 우울증을 겪는 사람으로 하여금 자신의 감정 진폭을 줄여 '유리한 판단'을 내리는 데 도움을 주고자 하는 것이다. 감정의 진폭을 줄임으로써 얻을 수 있는 혜택은 '인지적 편향성'이다. 잃어버린 낙관편향 성향을 되찾을 수 있게 도와준다는 이야기다.

만약 내가 친구들 모임에 '우울한' 기분으로 갔다면 그것은 '부정편향'이 된 상태라 할 수 있다. 부정편향 상태에서 겪은 일은 기분 나빴던 순간이나 화난 표정으로만 기억된다. 반면 낙관편향이 된 상태였다면 어땠을까? 기분 좋았던 순간과 웃는 얼굴 등을 더 잘 기억하게 된다. 항우울제가 궁극적 목표로 삼는 것은 조금씩 '낙관편향 성향'으로 옮겨가도록 조건을 바꿔주는 것이다.

어머니의 투신자살 후 극심한 우울증을 겪게 되었다고 고백한 진주 씨는, 어머니의 죽음에 자신이 원인을 제공한 것 같아

잠시… 생각할 시간이 필요해

서 그 죄책감으로 하루하루 버티기가 힘들다고 했다. 어머니가 투신하기 전날 진주 씨와 심하게 다투었는데 그녀가 어머니에게 "그냥 죽어버려!"라는 말을 했기 때문이다. 자신이 어머니를 죽인 것 같다는 생각에 당장이라도 죽고 싶은 심정이라고 했다. 물론 어머니는 평소 우울증을 앓고 있었으며 가족과 언쟁을 할 때면 늘 죽어버리겠다는 말을 반복했고, 그녀 역시 어머니와 싸우면서 "그냥 죽어버려!"라는 말을 이미 여러 차례 했었다.

가슴 아픈 이야기였다. 우울증이 가져오는 최악의 결과를 보여주는 사례이기도 했다. 우선은 진주 씨가 죄책감에서 벗어날 수 있도록 도와야 했다. 부정적 편향에서 인지적 편향으로, 그리고 낙관적 편향으로 감정의 기울기를 바꿔주어야 했다. 진주 씨가 처한 상황이 워낙 다급했기에 나는 그녀에게 우선 항우울제를 처방했다.

그로부터 몇 주 지나 다시 진주 씨를 만났다. 면담을 시작하고, 그녀의 현 상태를 확인하고자 일반적 수준의 논리적 사고를 유도해봤다. 다행히도 한결 나아진 모습이었다.

"진주 씨가 한 말 때문에 어머니가 자살이라는 무서운 선택을 한 것이라면, 이미 오래전에 그런 선택을 하셨겠지요. 어머니가 돌아가신 건 진주 씨 잘못이 아니에요."

진주 씨는 눈물을 쏟았다. 어머니의 죽음을 애통해했지만, 자신에게 지금 보살펴야 할 두 딸이 있다는 현실도 자각할 수 있게 되었다.

항우울제는 우리를 행복하게 만들어주지 못한다. 다만 감정의 진폭을 줄여 더 합리적이고 유리한 선택이 가능하도록 조건을 바꿔줄 뿐이다. 결국 중요한 것은 자신의 감정 진폭을 냉철하게 관찰하는 일이다.

―

나쁜 것보다는 좋은 것을 먼저 떠올리는 '낙관편향 성향'은 우리의 본성이다. 기분이 별로 좋지 않더라도 일부러 웃거나 기분 좋은 표정을 지어보는 것은 과학적으로도 효과가 검증되어 있다.

뇌는 말초에서 올라오는 감각과 반응을 종합해 현재의 감정 상태를 판단한다. 만약 뱀을 보았는데 몸에서 스트레스 반응이 일어나지 않도록 조치를 해두었다면 과연 무섭다는 생각이 들겠는가. 불쾌감이 들 때의 웃음이나 미소가 바로 그런 '조치'에 해당한다.

마찬가지로, 공연이나 발표를 앞두고 긴장감과 두려움을 유독 심하게 느끼는 사람은 혈압약으로 흔히 쓰이는 교감신경차단제를 먹으면 도움이 된다. 이 약의 효과로 몸이 덜 긴장하게 되고 이를 관찰한 뇌가 지금 상황이 그리 두려운 상황이 아니라고 판단해주는 덕분이다.

뇌세포를 자극하는
가장 좋은 방법

—

선사시대 우리 선조들은 먹을 것을 구하고 위험을 피해다니느라 하루 10~20킬로미터를 걸어다녔다. 선사시대로 돌아갔다고 가정해보자. 가만히 있다가는 언제 죽을지 알 수 없다. 맹수에게 잡아먹히는 것은 2~3분이면 족하다. 그럼 이때 우리는 어떻게 해야 하는가? 당연히, 도망갈 수 있어야 한다! 즉 뛰거나 최소한 계속해서 걸어다녀야 하는 것이다. 그렇기 때문에 선사시대를 사는 사람의 뇌는 '움직이는 것이 정상'이라는 전제를 갖고 있었다.

다행히 우리는 선사시대가 아니라 현대사회를 살고 있으니

날마다 20킬로미터씩 움직일 필요는 없다. 또한 나이가 들수록 필수 운동량도 줄어든다. 예컨대 노년층은 일주일에 두세 차례 30분 이상만 운동해도 확연한 인지 기능 향상을 보인다. 더욱이 하루 30분 운동을 규칙적으로 하면 알츠하이머 발병률이 60퍼센트나 줄어든다고 하니, '운동'이야말로 참으로 단순하면서도 좋은 치료제가 아닐 수 없다. 또한 걷기 같은 가벼운 운동만으로도 우울증과 불안증이 치료된다. 여기서 분명히 말하고 싶은 건, '도움이 된다' 정도가 아니라 '치료가 된다'라는 점이다.

부지런히 걷기만 해도 뇌가 건강해진다

운동과 뇌 기능의 연관성을 연구한 것 대부분은 인지 기능과 관련해 긍정적 견해를 도출한 바 있다. 노인층뿐 아니라 전 연령층에 걸쳐 긍정적 효과를 미친다는 것이다. UCLA 공중보건학 교수 앙트로네트 얀시(Antronette Yancey)에 따르면 어린아이들의 신체활동이 인지 기능에 미치는 긍정적 효과는 놀라울 정도라고 한다. 저명한 운동과학 연구자인 사우스캐롤라이나 대학의 스티븐 블레어(Steven Blair) 교수 또한 운동의 치료 효과는 비단 노인에게 국한된 것이 아니라 전 연령층에 걸쳐 나타난다는 것을 밝혀낸 바 있다.

이 외에도 운동의 우울증 치료 효과를 입증한 실험 사례는 매우 많다. 그중 듀크 대학 메디컬센터 제임스 블루멘탈(James Blumenthal)은 우울증에 시달리는 156명의 환자를 세 집단으로 나누어 1번 집단은 항우울제로만 치료했고 2번 집단은 일주일에 세 번씩 30분가량의 운동만으로 치료했으며 3번 집단은 운동과 약물치료를 병행하도록 했다. 그로부터 넉 달이 지났을 때 관찰해보니 실험 참가자 대부분은 우울증이 없어졌다고 봐도 될 정도로 상태가 호전되었다. 그런데 6개월 후 재발 여부에서는 세 집단 간에 꽤 큰 차이가 있었는데, 운동만으로 치료한 사람들은 우울증 재발률이 8퍼센트에 불과해 세 집단의 재발률 수치 중 가장 낮았다.

미국 텍사스 대학의 교수이자 심리학자인 재스퍼 A. J. 스미츠(Jasper A. J. Smits)는 정기적인 운동으로 불안감을 크게 줄일 수 있음을 입증하는 실험을 했다. 그는 실험에 자원한 사람들 60명을 운동 집단과 비운동 집단으로 나누고 그중 운동 집단에 속한 이들에게는 2주간 운동 프로그램을 실시했다. 2주간의 프로그램을 종료한 뒤 양쪽 집단 모두에 인위적으로 불안감을 유발하여 신체 반응을 관찰했더니 불안장애를 경험하는 사람이 운동 집단에서 훨씬 적었다. 스미츠는 불안장애를 비롯해 공황장애 같은 정서장애를 겪는 사람들이 운동을 하면 증상 완화와 예방에 큰 도움이 된다고 보고했다.

그런데 2012년 브리스톨 대학의 멜라니 챌더(Melanie Chalder) 연구진은 이전과는 사뭇 다른 결과를 발표했다. 연구진은 우울증을 진단받은 361명에 대해 운동 그룹과 비운동 그룹으로 나눈 후 무려 2년간 추적조사했다. 과거에 이루어진 실험에 비하면 대규모 연구가 진행된 것이다. 이들 우울증 환자들은 정신과 치료를 받았으며 그들 중 운동 그룹에 속한 환자들만 운동 트레이너와 1년에 세 번 만나고 열 번의 전화 통화를 하도록 했으며, 일주일에 150분 이상 중등도 이상의 꽤 힘든 운동을 하도록 종용받았다. 그렇게 운동 그룹은 정신과 치료와 운동을 병행했는데 이 그룹에서 더 좋은 우울증 개선 효과를 얻지는 못했다. 기존의 실험 결과를 뒤집는 것이었다.

물론 이 결과는 단순히 운동이 우울증에 도움이 되지 않는다는 의미로 해석되어서는 안 된다. 연구진 역시 이 실험 결과를 두고 "중증의 우울증 환자에게는 약물치료가 병행되는 것이 바람직하다"라고 밝혔다.

실험 결과와는 별개로, 이 연구에는 결과를 도출하는 과정에서 아쉬운 점이 한두 가지 있다. 일단 실험 결과를 도출할 때 환자들의 자가 보고에 의존했다는 점이 그렇다. 즉 환자들이 '말하는 사항'만 결과를 도출하는 데 반영한 탓에 그들이 운동을 제대로 했는지, 정신과 치료 시 처방된 약은 잘 챙겨 먹었는지 알 수 없다는 것이 변수로 작용했을 수 있다. 또한 정신과 치료나 약물 없이 '운동'만 처방받은 집단이 실험 대상에 포함되지 않아 기존 방식과 비교할 만한 대조군이 없었다. 요컨대 운동 부가 요법이 효과가 전혀 없다고 판단하기에는 부족하다.

━━

이 모든 연구를 종합할 때, 운동이 우울증을 비롯한 감정적 문제를 해소하는 데 도움이 된다는 점만은 분명해 보인다. 뇌과학 측면에서 봐도 그렇다. 우리가 운동을 하면 뇌에서 중요 신경전달물질인 세로토닌, 도파민, 노르에피네프린 등의 배출을 조절한다. 운동으로 엔도르핀의 수치가 올라간다는 것은 이제 웬만한 사람은 다 아는 상식이다. 사실 이 세 가지 신경전달물질의 배출 조절이 항우울제의 효과이기도 하다.

최근에는 신경 재생이 차단된 것이 우울증의 원인일 수 있다는 이론도 나오고 있는데, 운동은 신경세포를 비롯해 세포의 성장인자 수치를 높여준다. 신경세포 성장인자는 세로토닌과 마찬가지로 시냅스에서 아주 중요한 역할을 하며, 신경전달물질과 신경 영양인자를 생성하는 유전자를 활성화하고 세포의 자기파괴 활동을 억제한다.

운동을 하면 도파민 수치도 올라가는데, 도파민 증가는 만족감과 행복감 그리고 집중력을 높인다. 도파민이 정상적으로 분비되어 뇌의 보상센터를 적절히 자극해주면, 우리는 어떤 일을 성취했을 때 더 큰 만족감을 얻게 된다. 도파민 생성 경로가 정상적으로 조절되면 알코올이나 마약 중독뿐 아니라 폭식이나 쇼핑 중독을 통제하는 데도 도움이 된다.

앞서 우리 선조들이 걸어다니며 뇌를 진화시켰다고 말했을 때, 여기서 말하는 뇌는 특히 전전두엽을 말한다. 전전두엽은 감정을 억제하고 주의를 집중시키는 역할을 한다. 우리가 선사시대로 돌아갔다고, 다시 상상해보자.

만약 먹이를 찾기 위해 돌아다닐 때 정신이 산만하다면 어떨까? 사냥에 성공하기는커녕 자칫하면 목숨을 잃을 수 있다. 사냥을 할 때는 채집하고자 하는 과일이 어디 있는지, 사냥감이 될 만한 동물이 지나다니는 길은 어디인지에 집중하는 한편, 맹수들을 피하기 위해서도 늘 긴장하면서 주의를 기울여야 한다. 주의를 계속 집중하려면 감정에 휘둘려선 안 되는데, 걷기라는 운동 행위가 전전두엽을 자극해 감정을 억제하고 해야 할 일에 집중할 수 있게 해주었을 것이다.

운동의 효과는 여기에 그치지 않는다. 규칙적인 운동은 수면의 질을 향상시킨다. 우리는 '잠'이 얼마나 중요한지 얼마나 소중한지 곧잘 간과한다. 알려진 대로 우리가 잠을 자는 동안 우리 뇌는 아주 부지런히 움직인다. 깨어 있는 동안 수집한 정보를 정리하고 꿈을 통해 새로운 뇌세포 간 연결을 만들고 불필요한 뇌세포 간 연결은 끊는다. 우리의 신체는 잠을 통해 회복된다고 말할 수 있다.

대개의 수면장애는 우울증에 동반된다. 잠을 잘 자는 일은 불필요한 기억은 지우고 긍정적 관념은 새로 연합을 형성할 수 있게 해주는 것인데, 수면장애를 겪는 사람들은 이런 작업이 제대로 이루어지지 못하기 때문이다.

한편 운동을 하고 싶지만 이런저런 여건이 안 된다고 말하는 사람들이 있다. 그야말로 핑계다. 운동만큼 아무 데서나 손쉽게 할 수 있는 일이 또 있을까. 그중 가장 간편한 방법은 문명의 이기를 버리는 것이다. 이를테면 출퇴근에 자동차를 포기하고 대중교통만 이용해도 운동량은 확실히 늘어난다.

자동차는 우리의 활동 범위를 넓혀주고 새로운 경험을 더 쉽게 할 수 있도록 도와주는 이로운 기계다. 자동차에 장착되는 내비게이션도 그렇다. 낯선 곳에 안전하게 두려움 없이 도착할 수 있도록 도와준다. 하지만 분명 그들 덕분에 우리는 신체를 덜 움직이고 뇌도 덜 쓴다. 뇌세포도 신체근육도 움직임이 부족해지면 점차 퇴화될 수밖에 없다. 그중에서도 뇌의 퇴화는 매우 심각한 결과를 가져온다.

1921년 독일 예나에 있는 프리드리히-실러 대학의 병리학자 마리 크리거(Marie Kriger)는 기아에 허덕이다가 죽음을 맞은 사람을 연구하다가 놀라운 사실을 발견했다. 굶어죽은 그 사람은 모든 장기에서 무게가 절반 이상 감소되었지만 유독 뇌만은 거의 90퍼센트 무게를 유지하고 있었던 것이다. 그는 이 사실을 〈기아성 쇠약 상태에서 인간 장기들의 위축〉이라는 논문으로 발표했다.

알다시피 뇌는 신체의 모든 움직임을 통제하는 곳이다. 굶어죽기 직전 먹을 것을 발견했다면 걸어가든 기어가든 그곳으로 접근하라고 뇌가 명령할 것이다. 그러면 근육은 그 신호를 받아 어떻게든 먹이가 있는 곳으로 움직인다. 하지만 뇌는 일단 위축이 시작되면 적절한 전기신호를 발생시키지 못해 근육의 움직임 자체를 만들지 못한다. 그러면 어떤 결과가 발생하는가. 기아 상태에서도 뇌는 스스로를 유지하려고 다른 장기에서 영양분을 빼앗아온다. 독일의 비만학자이자 뤼베크 대학 교수인

아힘 페터스(Achim Peters)는 바로 이러한 내용으로 '이기적인 뇌 이론(selfish brain theory)'을 주창했다.

마라토너들이 결승점을 앞두고 다리가 엉켜 넘어지는 것을 보고 우리는 다리가 풀렸다고 말한다. 그러나 사실 그것은 뇌의 문제다. 걷고 달리는 일은 특정 원인에 의해 관련 장애를 갖게 된 사람이 아닌 이상 의식적 노력과 무관하게 거의 자동적으로 일어나는 신체활동이다. 하지만 이와 같은 신체활동이 이루어지려면 뇌에서 지속적으로 유기적 활동이 일어나야 한다. 즉 수없이 많은 뇌세포가 전기적 자극을 일사불란하게 반복적으로 생산해야만 가능한 일이다. 달리는 행동을 위해서는 신체의 거의 모든 근육이 리듬을 잃지 않고 빠르게 반복적으로 수축해야 한다. 그런데 뇌에서 에너지가 부족해지면 그 근육들이 리듬을 유지할 수 있도록 통제하지 못하게 된다. 그러므로 '다리가 풀렸다'보다는 '뇌가 풀렸다'라고 말하는 게 어쩌면 더 정확한 표현이라 하겠다.

표현이야 어떻든 간에, 뇌세포를 자극하는 가장 좋은 방법은 '움직이는 것'이다.

8장...,

운수 나쁜 날을 완벽하게 뒤집는 기술

분노감에서 벗어나기

마음의 고통은 화나게 만든 원인 때문이 아니라
화를 냈기 때문에 얻게 되는 결과다.　- 마르쿠스 아우렐리우스

그는 아침부터 아내와 다투었다. 중학생이 된 딸이 부쩍 자신을 무시한다고 느끼던 차에 어제는 딸의 버릇없는 한마디에 화가 나 심하게 야단을 쳤는데 그게 화근이었다. 아내는 아이가 한창 예민할 때 아빠라는 사람이 그것도 이해하지 못하고 별것 아닌 일로 몰아세우면 어쩌느냐고 잔소리를 해댔다. 아내 역시 자신을 무시하는 듯 느껴졌다.

가까스로 화를 누른 채 불쾌한 기분으로 출근했다. 그런데 이번에는 상사가 아침부터 난리다. 며칠 전 완료한 계약 건에 문제가 생겼다고 일처리를 어떻게 한 것이냐며 소리를 질러댔다. 억울하지만 제대로 항변도 못하니 화가 머리끝까지 치밀어 올랐다. 당장 업체 관계자를 만나 계약서를 다시 받아오라고 한다. 해야 할 일이 산더미지만 어쩔 수 없이 길을 나섰다.

일진이 안 좋구나 투덜거리며 운전석에 앉았는데 도로는 또 왜 이리 막히는지. 알고 보니 도로 공사를 하고 있었다. '저놈들 내 세금을 낭비하잖아? 멀쩡한 도로를 뒤엎어!' 고함 한번 크게 지르고 핸들을 주먹으로 치며 욕지기를 내뱉었다. 그러고 나면 좀 속이 풀릴까 했지만 화가 가라앉지 않는다. 혼잡 구간을 겨우 빠져나갔으나 이미 시간이 지체되었다. '늦으면 상사가 난리 칠 텐데!' 그의 얼굴이 달아오른다. 속도를 올리고 싶은데 차 한 대가 앞에서 느릿느릿 가며 영 길을 비켜주지 않는다. 저주를 퍼부으며 옆 차선으로 바꿔 추월해보려 하지만 옆 차선에 있는 차들은 쉽게 길을 내주지 않는다. 이제 그는 운전을 하는 건지 욕을 하는 건지 구별이 안 갈 정도가 됐다. '모든 사람이 나를 무시하는군. 대체 내가 왜 이런 모욕을 당하고 살아야 하지?' 겨우 겨우 참았던 분노가 다시 치솟는다. '난 그저 열심히 살았을 뿐인데!'

그때 깜빡이도 켜지 않은 차 한 대가 불쑥 끼어든다. 놀라서 급브레이크를 밟은 그는 더는 화를 억누르지 못한다. '저런 인간들 때문에 세상이 무법천지가 되는 거라고!' 그는 미친 듯이 차를 몰아 그 차의 주행을 가로막고 선 뒤 자기 차에서 내려 트렁크를 열고 골프채를 집어 들었다.

왜 자꾸 화가 나는 걸까?

언제부턴가 위와 유사한 내용의 분노범죄 뉴스를 종종 접하게 된다. 이 지면에서 사회적 문제까지 자세히 논할 필요는 없지만, 분노범죄를 벌이는 사람의 뇌에서 어떤 일이 일어나는지는 한 번 생각해볼 필요가 있다.

살면서 우리는 '운수 나쁜 날'을 경험할 때가 분명히 있다. 그런 날을 겪는다 해도 대다수의 사람은 저렇게 극단적인 행동까지는 하지 않지만, 어쨌든 그런 날이면 의도치 않은 실수가 잦아지고 그로 인해 평온한 일상에 금이 간다.

그럼 화가 나면 무조건 참아야 하는 것일까? '분노'는 전혀 무가치한 감정인가? 그렇지는 않다. 가치 없는 감정이란 없다.

인류의 생존과 진화라는 관점에서 '분노'라는 감정을 살펴보자. 인간이 분노를 표현하는 이유는 자신의 영역이 침범을 받았다고 여겨서다. 여기서 말하는 '영역'에는 여러 가지가 포함된다. 말 그대로 내가 속하는 공간 자체가 있을 수 있는데, 집이나 가정 그리고 거기 속한 모든 재화나 관계가 우리의 영역이라 할 수 있다. 원시사회에서 영역이 침범을 당한다는 것은 소유물을 빼앗길 위험을 뜻했다. 그러므로 이때는 분노를 표출해 자신도 상대방을 공격할 수 있음을 암시해야 했다. 즉 '분노 표현' 또한 오래전 인류에겐 생존에 필요한 수단 중 하나였다.

그러나 현대사회는 이런 원시사회와 다르다. 문명화 이후 '분노'는 바람직하지 못한 태도라는 쪽으로 인식이 진화해왔고, 대다수 사회에서 분노를 자제하고 인내하는 전통이 자리를 잡았다. 다만 유전자에 새겨진 본능 때문에, 우리는 자신의 고유 영역이 침해되었다고 생각되면 분노의 감정을 느낀다.

앞서 '보복운전' 사례에 등장한 남자 역시 그랬을 것이다. 그는 못마땅한 상황이 반복적으로 이어지자 결국 참지 못하고 강력한 분노를 표출하는 방식으로 대응하려 했다.

우리에게 잠재된 원시적 본능은 누군가 내 사고방식에 개입하고 내 영역을 침범하면 자신의 소중한 것을 반드시 지켜내야 한다고 명령한다. 그 순간 이성은 어디서도 찾아볼 수 없고, 인간 역시 분노한 동물과 진배없게 된다. 영역 침범의 위협을 받는 순간, 우리 뇌는 그것을 스트레스 상황으로 인식한다. 심장이 뛰고 혈관이 수축되며 동공이 확장되면서 근육도 팽팽히 긴장하게 된다. 뇌에 공급되는 산소량이 증가하고 감각이 예민해지면서 즉각적 판단을 내릴 준비를 한다. 싸울지 도망갈지를 결정해야 하기 때문이다. 그러나 기억력과 사고력을 관장하는 전전두엽이 발달한 인간은 분노와 공격성을 억제할 수 있는 능력이 있다.

분노를 일으킨 상황이 단발성이라면 코르티솔(cortisol)이 곧바로 분비되면서 흥분했던 신체와 뇌를 어루만지며 안정시킨다. 그러나 스트레스가 회복될 시간도 없이 연거푸 나쁜 자극이 이어지거나 거듭된다면 상황은 심각해진다. 세로토닌처럼 뇌를 안정시키는 신경전달물질은 무한정 만들어지는 게 아니며, 이런 물질이 결핍되면 감정 조절이 어려워진다. 또한 반복된 분노가 감정을 증폭시키면 당사자는 더욱 동물적인 상태가 되고 그런 동물적 상태가 전전두엽의 기능을 약화하는 악순환에 빠지게 된다. 감정 억제 기능이 떨어져 오직 분노만 가득 차 합리적 판단을 방해한다.

복수는
통쾌한 것?

분노는 종종 '복수의 욕구'로 표현되기도 한다. 영역 침범이 생기면 우리는 받은 만큼이 아니라 그 이상으로 되갚아주고 싶어 하는 심리가 있다. 이런 감정으로 서로를 견제하며 살아가는 것이 사회질서 유지에 어느 정도는 기여한다고 볼 수도 있을 것이다. 이를테면 내가 다른 사람의 물건을 훔치거나 해를 입히지 않는 것은 복수에 대한 두려움이 무의식에 내재하기 때문이다.

심리실험을 하나 해보자. 게임이론과 연관된 실험이다. 누군가가 당신에게 2만 원을 주면서 옆 사람에게 줄지 말지는 알아서 결정하라고 한다. 당신이 옆 사람에게 한 푼도 주지 않고 그냥 다 가지겠다고 하면 2만 원은 당신 것이 된다. 그런데 옆 사람에게 2만 원을 다 주면 실험을 제안한 그 누군가가 8만 원을 보태 10만 원을 다시 주겠다고 한다. 다만 그때는 10만 원을 반으로 나눌지 다 가질지를 옆 사람이 결정하게 된다고 한다. 당신이라면 어떻게 하겠는가?

이 실험은 취리히 대학의 경제학 교수인 에른스트 페르

(Ernst Fehr)가 설계한 '신뢰 게임'으로, 앞서 언급한 '최후통첩 게임'의 변형이자 거기서 한 단계 더 나아간 것이라 할 수 있다.

페르의 실험에서 참가자들 다수는 협력적인 태도를 보였다. 즉 처음에 받은 2만 원을 옆 사람에게 넘김으로써 돈을 불리고 또한 옆 사람에게 결정권도 넘기는 선택을 했다. 하지만 문제는 그다음이었다. 돈이 10만 원이 되자 그 '옆 사람'이 배신을 택하는 경우가 많았던 것이다. 즉 정작 나는 2만 원을 포기해서 옆 사람이 10만 원을 쥐게 됐는데 그는 내게 한 푼도 주지 않기로 선택하는 경우가 많았다는 이야기다.

이런 상황을 예상했던 에른스트 페르 교수는 '신뢰 게임'에 옆 사람의 배신을 응징할 조건을 하나 부여했다. 만약 옆 사람이 돈을 다 가져가면 우리는 화가 날 것이고 그래서 복수를 하고 싶은 마음이 생길 것이다. 그때 중재자 곧 실험의 주최자가 "당신 지갑에서 돈을 꺼내 내게 주면 그 액수의 두 배만큼 당신을 배신한 옆 사람에게서 빼앗아오겠소"라고 말하도록 한 것이다.

중재자의 이런 제안에 사람들은 어떤 선택을 했을까? 나를 배신한 옆 사람에게 화가 나 응징을 가하고 싶다면 내 지갑에서 돈이 나가야 한다. 즉 안 써도 될 돈을 쓰는 것이다. 내 지갑에서 나가는 돈이 많을수록 옆 사람이 입는 손해도 커진다.

그런데 실험에 참가한 사람들 대다수는 자신들의 지갑을 열어 돈을 중재자에게 건네는 '철저한 응징'을 선택했다. 즉 내 지갑에서 5만 원을 꺼내 중재자에게 줌으로써 나를 배신했던 옆 사람이 10만 원을 빼앗기도록 만든 것이다.

더 재미있는 건 이러한 실험이 MRI(Magnetic Resonance Imaging) 촬영과 함께 이루어졌다는 사실이다. 에른스트 페르 교수는 위와 같은 상황에서 사람들이 복수심을 발동하고 실제로 그 마음을 실행으로 옮기는 순간의 뇌 변화를 관찰했다. 복수를 단행한 사람들의 뇌 영상에서는 선조체(striatum)라는 뇌의 특정 부위가 활성화되었다. 선조체는 우리가 쾌감을 느낄 때 도파민이 작용하는 부위다.

이 실험에서 알 수 있는 것은 복수가 비록 올바른 일은 아닐지 몰라도 어쨌든 쾌감을 불러일으킨다는 사실이다. 자신의 손해를 감수하면서까지 상대방을 응징하고 싶을 정도로, 우리 뇌는 내가 당한 만큼 혹은 그 이상으로 상대방에게 갚아주고 싶어 한다.

그러나 인생은 심리실험처럼 단순하지 않다. 잠재울 수 없는 분노로 인해 복수가 인생의 목표가 되면, 상대의 인생만 망가뜨리는 게 아니라 내 인생까지 망가질 수 있다. 예컨대 어떤

잠시, 생각할 시간이 필요해

사람이 복수를 위해 직장을 때려치우고 계획대로 원한이 있던 사람에게 어떤 형태로든 복수를 했다고 치자. 그러나 그 사람이 교도소에 들어가거나 경제적 어려움에 처한다면, 남을 위해 사느라 자기 인생을 저당 잡히는 꼴이다.

철학자 니체는 우리의 이런 잠재적 본성을 인정하면서《도덕의 계보》라는 책에서 고통스러운 과거에 대한 해결법으로 '망각'을 권유한다. 니체는 망각이 없다면 행복도 명랑함도 희망도 자부심도, 심지어 현재도 있을 수 없다고 썼다. 복수란 고통스러운 과거에 대한 기억의 공격이라는 것이다. 그런데 니체는 이처럼 복수의 위험성을 경계하면서도 만약 그것이 우리가 넘어설 수 없는 본능이라면 차라리 인정하자는 뜻에서, "전혀 복수하지 않는 것보다는 약간 복수하는 편이 더 인간적"이라고 말하기도 했다.

어떤 인생이든 순간의 쾌감만 좇는다면 파멸은 불 보듯 뻔하다. 페르의 '신뢰 게임' 실험 결과가 보여주듯 복수심은 사실 '한순간의 쾌감'에만 집착하는 행위다. 그러므로 만약 분노심과 복수심이 타오른다면 좀 더 '우아한 복수'를 택하는 게 현명하다고 말할 수 있겠다. "복수는 차가울 때 먹어야 맛있는 음식"이라는 격언도 있지 않던가. 복수를 꼭 해야겠거든 '뜨거운 복수'보다는 '차가운 복수'가 낫다는 의미다. 음식을 차갑게 먹으려면 식혀야 한다. 복수 역시 온도가 내려갈 때까지 기다렸다가 자신에게 부정적 영향이 전혀 없는 우아한 복수를 할 수 있을 때 하라는 조언이다.

세상을 향해
투덜거리기 전에

우리의 생각과 감정의 습관은 뇌세포 자체가 아니라 뇌세포 간 연결에 좌우된다. 이러한 연결이 이뤄지는 부위를 '시냅스(synapse)'라고 부른다. 시냅스는 특정 행동이나 의식 혹은 학습을 반복하면 새로 연결되고 이미 연결되어 있던 것은 더욱 강화된다. 반대로 사용하지 않으면 연결이 끊긴다. 이른바 '달인'이란 이 시냅스 연결이 잘되는 사람, 굳이 의도적으로 애쓰지 않아도 어떤 행동을 빠르고 정확하게 해낼 수 있는 사람이다.

우리가 느끼는 것과 생각하는 것도 이 시냅스 연결에 끊임없이 변화를 가져온다. 그렇기 때문에 도로 위에서 무례한 운전자를 만나 그들에게 반복적으로 화를 내다보면 '운전자'와 '분노' 사이의 연결이 강화된다. 감정 또한 자주 쓰면 쓸수록 학습 효과가 발휘되어 나중에는 무의식적으로 즉각적 반응을 하게 마련이다. 그래서 운전 중 자주 화를 내버릇하면 자동차에 오르기만 하면 자기도 모르게 욕하고 고함치게 된다.

분노의 시냅스 연결이 강화되다보면 자신도 모르는 사이에 충동적 행동을 할 수 있고, 자칫 이것이 최악의 결과를 불러올 수 있다. 그 점을 확인해보기 위해 '최후통첩 게임' 속으로 다시 들어가보자.

누군가 나에게 2만 원을 주더니 당신과 나눠가지라고 한다. 당신에게 1,000원을 줄지, 1만 원을 줄지는 내 마음이다. 단, 당신도 선택할 수 있다. 내가 제시한 금액이 마음에 안 들면 돈을 안 받겠다고 거절하면 되는 것이다. 당신이 거절하면, 우리 둘 다 한 푼도 가져가지 못한다. 자, 내가 당신에게 1,000원만 주기로 결정했다. 당신은 몹시 기분이 안 좋을 것이다. 그럼 2,000원은 어떤가? 여전히 불공평하다고 느낄 것이다. 그럼 5,000원은? 짜증은 나지만 약간은 갈등할 만한 액수다.

듀크 대학교 댄 애리얼리 교수와 캘리포니아 대학 에두아르도 안드라데 교수는 '최후통첩 게임'을 조금 변형해 이런 실험을 실시했다. 2만 원 중에서 5,000원을 받을 수 있는 비율, 즉 7.5:2.5 비율을 실험 참가자들에게 제안한 것이다. 그런데 참가자들이 제안 수락 여부를 결정하기 전에, 우선 이들을 두 그룹으로 나누어 서로 다른 비디오 클립을 감상하도록 했다. 1번 그룹에는 분노를 폭발시키는 영화의 한 장면을 보여주고, 2번 그룹에는 코믹 드라마의 한 장면을 보여준 것이다. 비디오 감상이 끝나자 각 그룹에 유사한 경험이 있다면 그 내용을 글로 써보라고 했다. 실험 결과는 어땠을까. 즉 둘 중 어느 그룹에서 거래 수락률이 높았을까? 짐작했겠지만 2번 그룹에서 더 높게 나왔다.

분노를 폭발시키는 장면을 본 후 그에 관해 글을 쓴 1번 그룹은 과거의 안 좋은 기억을 떠올리며 화가 났고, 그래선지 마치 실험 제안자에게 화풀이를 하는 듯한 반응을 보였다. 분노 감정이 그들의 합리적 결정에 영향을 끼친 것이다.

이것은 일종의 점화효과(priming effect)로, 우리에게 편향성을 부여하는 자동사고 과정의 하나다. 여기서 '점화'란 뇌가 특정한 방식으로 반응하도록 준비하는 과정으로서 이미 저장된 기억이나 이전의 감정을 무의식적으로 활성화한다.

그렇다면 시간이 한참 흐른 뒤 다시 이런 거래를 제안하면 어떻게 될까? 실험 제안자들은 어느 정도 기간이 지나 감정이 중립 상태가 되었을 때 다시 그들에게 동일한 7.5:2.5 비율로 거래를 제안하고 수락 여부를 물었다. 그러자 이전에 '거부'를 선택했던 참가자들은 여전히 똑같은 선택을 했다. 감정에 의한 의사결정을 했더라도 일단 그렇게 결정한 이상 감정이 사라진 후에도 여전히 그때의 감정을 기준으로 삼는다는 의미였다.

애리얼리와 안드라데 교수는 여기서 한 단계 더 나아간다. 사실 이 실험의 핵심은 바로 이것이다. 이번에는 제안받은 사람들이 제안자 역할을 해보게 했다. 1번 그룹과 2번 그룹의 참가자들이 제안자가 되면 어떤 비율로 금액을 배분할지 관찰해보고자 한 것이다. 과연 어느 쪽이 더 불공평한 제안을 했을까.

이번에는 코믹 드라마를 보고 약간은 불공평하게 느껴질 수 있는 제안을 수락했던 2번 그룹에서 불공평한 제안을 더 많이 했다. 반면 과거 분노 상태에서 제안을 받았던 1번 그룹 사람들은 좀 더 공평한 금액 배분을 제안했다. 왜 그랬을까?

이는 우리의 또 다른 본성, 즉 '일관성을 유지하려는' 특성이 반영된 결과다. 우리는 어떤 의사결정을 하고 나면, 그 의사결정이 자신의 숙고에 따른 것일 뿐 결코 외부 영향이나 자신의 충동적 감정에 의한 것이라고는 생각하지 않는다. 즉 2번 그룹 사람들은 자신들이 7.5:2.5 제안을 받아들인 것은 그게 꽤 합리적이라고 여겼기 때문이라고 생각해서 동일한 비율의 제안을 다시 할 가능성이 높다. 반대로 1번 그룹 사람들, 즉 7.5:2.5 제안을 거부했던 사람들은 그것이 불합리하고 불공평해서 받아들이지 않았다고 생각한다. 그러므로 자신들이 제안자가 되었을 때는 더 공평하다고 생각하는 비율을 제안하는 것이다.

감정은 이내 흩어지는 연기 같은 것

시간이 어느 정도 흐르고 나면 '감정'은 사라진다. 아주 충격적인 사건이 아니고서는 어떤 감정이었는지는 어느새 잊히고 그때 했던 행동만 기억한다. 과거에 했던 어떤 행동이 특별한 감정에서 비롯되었다기보다는 충분히 합리적 이유에서 일어난 행동이었다고 여기는 것이다. 따라서 유사한 상황이 또 일어나면 또다시 그렇게 '행동'할 가능성이 크다.

우리가 특정 감정 상태에서 충동적으로 어떤 결정을 내리면 그런 의사결정 방식이 믿음 혹은 습관으로 굳어져 우리 삶 전반

잠시..., 생각할 시간이 필요해

에 영향을 끼치게 된다. 예컨대 운전 중 무례한 운전자를 만나 참지 못하고 분노를 표출하면 며칠이 지나 그 같은 상황이 또 벌어졌을 때 다시 화를 낼 소지가 크다. 시냅스 연결이 강화되어서다.

더 큰 문제는 유사한 다른 상황에서도 자주 화를 낼 수 있다는 점이다. 자신이 화를 내는 데는 충분한 이유가 있으며, 심지어 그것이 남자다운 행동이라거나 도덕적인 행동이라고 생각하기도 한다. 앞서 애리얼리의 실험에서 확인했듯 일관성을 유지하려는 우리의 본성은 반복적으로 화를 내는 자신의 행동을 합리화한다.

그렇다면 어떻게 해야 할까? 최초 상황이 벌어졌을 때, 즉 무례한 운전자를 만나 아주 화가 날 때 뇌의 선조체는 꺼두고 합리적 사고를 잘하는 전전두엽을 켜는 연습을 해야 한다. 이 연습이란 다름 아니라, 생각을 뒤집고 합리적으로 계산해 자신에게 유리한 의사결정을 하는 것이다. 연습을 위해서는 '집중'해야 한다. 곧 자신의 감정에서 조금 멀어져야 한다. 이렇게 '집중'하다보면, 특정 상황과 분노 간의 시냅스 연결이 약화되고 긍정적 감정을 불러일으키는 능력이 길러져, 순간의 분노를 긍정적으로 바꿀 수 있게 된다.

얼마 전 가족과 함께 나들이를 갔다. 간만의 나들이라 나도 아내도 아이도 조금은 들떠 있었는데, 한순간 BMW 자동차 한 대가 위협적으로 운전하며 우리 차 앞으로 끼어들더니 과속으로 내달렸다. 차 안에 있던 우리 가족 모두 깜짝 놀라 비명을 질렀다. 아들이 말했다. "저 사람 왜 저러는 거야?" 아내도 역정을 내며 한마디했다. "미친 거 아냐?"

좋았던 분위기가 한순간에 나빠질 것 같았다. 그래서 나는 이렇게 말했다. "똥 마려운가봐."

비록 썰렁한 아재개그였지만, 하마터면 분노와 욕설이 지배할 뻔했던 작은 공간에 저절로 웃음소리가 퍼졌다. 이 상황에서 나까지 짜증을 내고 분노를 표출했다면 그것이야말로 '부정적 감정'에 먹이를 주는 일이다. 그러면 그 나쁜 기분은 나의 뇌에서 죽지 않고 살아 있다가 유사한 다른 상황에서 또다시 화를 내는 밑거름으로 쓰였을 것이다.

부정적 에너지를 긍정적 에너지로 전환시켜 더 기분 좋은 순간으로 만드는 것, 타고난 낙관주의자가 아닌 이상 우리는 이런 연습을 반복해야 한다. 그러면 어느 순간 불쾌한 상황을 다른 관점으로 바라보는 여유와 너그러움이 생긴다. 마음이 너그러워지면 삶은 한결 행복해진다.

잠시…, 생각할 시간이 필요해

분노하는 습관을 없애기 위해 필요한 자질이 하나 더 있다. '공감' 능력이다. 분노와 화가 뇌를 지배하면 우리의 공감 능력은 제로로 떨어진다. 뇌가 예민해지면서 상대방이 내 영역을 침범하려는 나쁜 의도를 갖고 있지 않을까 하는 부정적 감정에 매몰되어, 상대방의 마음속에 들어가보려는 시도는 전혀 할 수 없게 된다. 공감 능력과 관련된 뇌 부위 중 가장 중요한 것 역시 전전두엽이다. 전전두엽을 깨우면 공격적 행위가 불러올 나쁜 결과를 예상하는 합리적 사고 능력이 회복될 뿐 아니라 공감 능력도 회복된다.

전전두엽을 깨워 잠시나마 충동적 감정에서 멀어질 수 있다면, 주위의 정보를 더 많이 살피고 인식할 수 있다. 예컨대 비록 골프채를 쥐고 다른 차량 운전자를 향해 성큼성큼 걸어갔다 하더라도, 그 차 안에서 공포에 질린 표정을 한 여성과 아이의 얼굴을 보게 될 수 있고, 그 순간 잠시 도망갔던 공감 능력이 돌아올 수 있는 것이다. 그러면 이내 자신이 무슨 행동을 저

지르려 했던 것인지 불현듯 인식하면서 쥐었던 골프채를 내려 놓게 된다.

앞서 말했듯 '분노'는 우리가 갖고 태어난 당연한 감정으로, 수시로 우리를 붙잡을 수 있다. 하지만 분노의 감정이 우리를 완전히 장악하기 전에, 전전두엽의 건강한 작용을 유지해 결과적으로 우리 자신에게 유리한 선택을 해야 한다.

그런데, 화날 때는 화를 분출하고 슬플 때는 눈물 흘리며 슬퍼하는 것이 감정을 회복하는 좋은 방법이라고 생각하는 사람들이 의외로 많다. 이들은 이른바 '카타르시스 효과'를 언급한다. 그러나 이것은 기계론적 사고, 즉 압력이 높으면 터져버리기 전에 분출시켜 압력을 줄여야 한다는 기계론적 사고를 반영한 낡은 생각이다. 최신 연구 성과에 따르면, 감정을 분출한다고 해서 그 불쾌한 감정에서 벗어난다는 명백한 증거가 없다. 화를 내면 낼수록 화가 화를 돋우고 눈물을 흘리며 더 많이 슬퍼할수록 더 깊은 우울증에 빠진다는 연구 결과가 나와 있을 뿐이다.

아이오와 주립대학 심리학과의 브래드 부시먼(Brad Bushman) 교수 연구팀은 '감정 표출'이 실제로 진정 효과를 내는지 알아보는 실험을 했다. 이 연구팀은 180명의 학생들을 모아놓고 세 그룹으로 나누어 글을 읽혔다. 1번 그룹에는 분노 등 감정을 표출하는 것이 효과가 있다는 메시지가 담긴 글을 읽혔다. 2번 그룹에는 가치중립적 메시지가 담긴 글을 읽혔다. 3번 그룹에는 감정 표출이 별 의미가 없다는 메시지의 글을 읽혔다. 그런 다음 스트레스를 받을 만한 상황을 연출한 뒤 학생들에게 비디오게임, 만화책 읽기, 소설 읽기, 샌드백 때리기 같은 활동 중 하나를 선택하도록 했다. 각 그룹의 학생들은 어떤 활동을 선택했을까?

분노 등 감정을 표출하는 것이 효과가 있다는 글을 읽은 1번 그룹 학생들이 나머지 두 그룹의 학생들보다 샌드백 때리기 같은 공격적인 활동을 더 많이 선택했다. 분노 표출의 효과를 신뢰할수록 분노를 표출하는 선택을 할 가능성이 높아진다는 의미다.

이후 부시먼 연구팀은 분노를 표출한 사람들에게 복수 기회까지 주는 실험을 다시 구성해보기로 했다. 연구팀은 실험에 참가한 학생들에게 에세이를 써서 평가받도록 했고 그 에세이가 형편없다고 평가해 스트레스를 주었다. 그런 다음 스트레스를 받은 그 학생들을 다시 두 그룹으로 나누어, 1번 그룹은 분노를 표출할 수 있도록 샌드백을 때리게 했고, 2번 그룹은 2분 동안 가만히 앉아 기다리도록 했다.

그런 다음 평가자와 간단한 게임을 하도록 했는데, 상대보다 먼저 소음 버튼을 누르는 게임이었다. 게임에 지면 시끄러운 경적 소리를 들어야 했고, 볼륨은 0에서 10까지 설정할 수 있었다. '10'은 105데시벨에 해당하는 소음이었다.

1번 그룹과 2번 그룹이 이 게임을 이행하는 양상은 극명하게 달랐다. 1번 그룹은 게임에 이겼을 경우 볼륨을 평균 8.5 정도로 높게 설정한 반면, 2번 그룹은 평균 2.47로 설정했다. 이 실험에서 우리가 알 수 있는 것은, 샌드백을 때리는 행위가 화난 사람들의 분노를 풀어주기보다는 화를 더 키울 수 있다는 사실이다. 반면 차분히 기다리며 마음을 식힌 그룹은 어느새 복수할 의지를 잃었다.

순간적인 화를 가라앉히는 단순한 방법

부시먼 연구팀 이후 수많은 후속 연구가 있었는데 대체로 유사

잠시… 생각할 시간이 필요해

한 결과가 나타났다. 부시먼이 이 연구 결과를 통해 전하려는 것은, 화날 때는 일단 반응하기를 멈추거나 미뤄두라는 것이다. 화내는 행동 대신 편안히 쉬거나 책읽기 같은 비공격적인 활동에 정신을 집중하는 편이 좋다는 제안이다. 그러나 이런 방법은 일시적이거나 가벼운 분노 사건에는 효과가 있지만 사랑하는 사람을 잃는다거나 심장마비 같은 심각한 신체손상을 입은 경우 또는 엄청난 배신을 당한 경우 등 트라우마가 큰 사람들에게서는 큰 효과를 보지 못한다고 알려져 있다.

그런데 마이애미 대학의 마이클 매컬러 교수의 연구에 따르면, 이런 사람들도 효과를 보는 방법이 있다. '이점 찾기(benefit finding)'가 그것이다. 이점 찾기란, 그 어떤 불행을 만나든 그 어떤 상처를 받았든 그 속에서 '나에게 주는 유리한 점'을 찾아내는 것이다. 바로 이것이 내가 이 책에서 줄곧 강조해온 방법론이다. 잠시 생각할 시간을 스스로에게 주어 다른 측면에서 사안을 고민해볼 수 있도록 하라는 것이다. 그럼 이전에는 못 보던 이점(benefit)도 찾아내게 된다.

부시먼의 실험을 예로 들어 설명해보자면, 몹시 속상하게 만든 경험 곧 자신이 쓴 에세이에 대한 나쁜 평가가 가져다준 이점을 단 몇 분 동안이라도 생각해보라고 하면 그것이 솟구치는 분노를 다스리는 데 도움을 준다는 것이다. 실제로 어마어마하게 큰 불행을 당한 사람도 그 불행한 일조차 이점이 있었다고 고백하곤 한다. 그 일로 자신이 더 현명해졌다든지, 그동안 몰랐던 자신의 강점을 발견하게 되었다든지, 세상의 다른 면을 보게 되었다든지, 이해심이 많아졌다든지……

감정의 무한루프를 주의해야 한다. 누군가에게 화가 나면 예전에 그에게 분노했던 경험을 다시 떠올리게 되고, 마음이 우울할 때면 슬픈 기억을 더 많이 떠올리게 된다. 부정적 감정의 분출이 부정적 기억을 상기시키고 그 기억이 다시 부정적 감정을 분출시킨다. 하지만 이제 우리는 어떻게 하면 이 무한루프를 끊을 수 있는지 안다.

무한루프 끊기는 일단 일어난 일은 이미 과거의 일이므로 변하지 않는다는 것을 받아들임으로써 시작된다. 그런 다음, 자신에게 휘몰아친 그 감정에서 멀어지는 시간을 잠시라도 가져야 한다. 그 잠시의 시간 동안 자신에게 결과적으로 유리한 행동은 무엇이고 불리한 행동은 무엇인지 따져보고, 우리가 취할 행동의 결과를 합리적으로 예상해보면 된다.

잠시…, 생각할 시간이 필요해

화를 가라앉히는 가장 좋은 방법은 화를 '분출'하는 것이 아니라 그 감정이 사라지기를 차분히 기다리는 것이다. 기다리며 자문해보라. '내가 화를 내서 상대방으로부터 얻을 수 있는 것은 무엇인가?' 잃을 게 더 많다는 사실을 금세 깨닫게 될 것이다.

특히 분노 표출의 한 방법인 '복수'는 단순히 쾌감을 불러일으키는 수단일 뿐 대부분의 복수는 복수를 감행한 자신에게도 치명적 손상을 준다. 굳이 복수를 하려거든 자신에게 전혀 손해를 주지 않는 우아한 복수 방법을 찾아보라.

9장...,

진짜 이기는
게임을 하라

불필요한 싸움에서 벗어나기

아주 조금 방향을 바꾸는 일만으로도
이전과는 다른 목표에 도달할 수 있다.　　알프레드 아들러

대학병원에서 근무하던 때의 일화다. 그날도 나는 늦게까지 일처리를 하느라 아직 잠자리에 들지 못하고 있었는데, 자정 넘어 한밤중에 온 병동이 들썩들썩하도록 고성을 지르는 환자가 있었다.

"악! 도대체 저 사람 뭐야? 의사라는 게 사람을 살리는 거야, 죽이는 거야?! 물을 빼는 거야, 넣는 거야!?"

그 환자는 폐와 흉막강 사이에 물이 차는 병인 흉수(胸水)로 입원해 있던 김모 씨였다. 가슴에 물이 많이 차면 호흡곤란을 유발하기에 주삿바늘을 찔러 물을 수시로 빼줘야 했다. 그런데 왜 그토록 흥분했을까? 그가 분노하며 괴성을 내지른 까닭은 레지던트 L씨에 대한 불만 때문이었다.

유능한 레지던트 L씨가 놓친 것

김모 씨는 한밤중 호흡곤란이 와서 흉강에 찬 물을 빼줘야 할 상황이었고, 레지던트 L씨는 잠을 자다 응급 호출을 받고 급히 환자에게 가게 되었으리라고 짐작해볼 수 있다.

자다가 호출을 받고 진료를 하러 나가야 하는 상황은 아무래도 쉬운 일이 아니다. 그럼에도 불구하고 자신이 해야 하는 일이니 몽롱한 상태에서 환자의 흉강을 향해 조심조심 주삿바늘을 가져가려는데, 숨이 차고 괴로웠던 환자는 그 순간 신음소리와 함께 몸을 살짝 움직였을 것이다. 바로 이때가 중요하다. 이 경우 의사는 대개 다음 두 유형으로 나뉜다.

우선 1번. 가뜩이나 잠이 덜 깬 상황에서 환자가 몸을 움직이니 순간 놀랐다. 자칫하면 폐를 찔러 의료사고가 날 수 있기 때문이다. 당황스럽기도 하고 짜증도 난 1번 의사는 그만 언성이 좀 높아졌다. "움직이면 어떡합니까? 가만히 좀 계세요." 그러면 환자는 일단은 무서워서 꼼짝 않고 참겠지만 속으로는 이렇게 불평할 것이다. '내가 일부러 그랬나?'

그럼 다른 유형의 의사, 즉 2번 의사는 어떤 반응을 보였을까. 그 역시 환자가 중요한 순간에 몸을 움직여 화가 났지만, 마음을 누그러뜨리며 조용하고 따뜻한 목소리로 말했다. "많이 아프시죠? 조금만 참으세요. 곧 끝나니까요." 이러면 환자는 '나 때문에 이 젊은 의사가 힘들겠구나' 하고 생각하며 미안함을 느끼게 된다. 그래서 아픔을 꾹 참는다.

그런데 홍수 증상이 있는 환자는 이렇게 물을 빼도 금방 다시 차곤 한다. 김모 씨 역시 증상이 재발했을 것이고, 그때 김모 씨의 반응은 이전의 감정에 좌우된다. 즉 다시 1번 의사를 만나면 억눌렸던 분노가 터져나올 것이다. "이런 돌팔이가 있나. 어떻게 치료를 했기에 또 물이 차는 거야?" 이렇게 말하면서 그는 자신의 병이 치료되지 않는 원인을 1번 의사에게 돌리기 쉽다.

반면 2번 의사를 만난다면 어떨까? '내 증세가 심해지니까 역시 이 의사 양반이 나를 치료해주는구나. 참 고맙네' 하는 생각을 하게 된다. 어느새 그 의사에게 의지하는 마음이 생긴 것이고, 그는 아플 때마다 2번 의사에게 진료를 받고 싶다고 바라게 된다.

사실 환자 김모 씨는 어느 의사에게 치료를 받든 질병의 경과에 차이가 없다. 다만 그 질병이 재발했을 때 1번 의사가 치료하면 그가 제대로 치료를 안 해서 재발한 것이라고 느끼고, 2번 의사가 치료를 해주면 재발했으나 그가 다시 치료해줄 것이라고 믿는다. 그렇다면 결국 의사의 특정 '태도'가 환자로부터 판이한 결과를 가져왔다는 이야기다. 레지던트 L씨도 한 번만 더 생각을 가다듬고 행동했다면 2번 유형의 의사가 되어 환자로부터 신뢰를 얻을 수 있었을 것이다. 하지만 그는 순간적 인식의 차이가 결과에서 이토록 큰 차이를 보인다는 것을 미처 깨닫지 못했다.

삶은 게임의 연속, 전략과 전술이 필요하다

나는 지금, '다른 사람을 친절하게 대하면 그 사람도 나를 친절하게 대할 것'이라는 도덕 교과서 같은 얘기를 하려는 게 아니다. 한밤중에 온 병동이 소란스러웠던 그날, 나는 단순한 교훈 이상의 진실을 깨달을 수 있었다. 여기에는 선택과 게임이라는 경제학적 관점이 내포되어 있다. 인생은 어쩌면 게임의 연속일지 모른다는 생각, 극한 스트레스 속에서도 합리적 선택을 해야 하는 까닭을 다시금 진지하게 되새길 수 있었다.

앞서 예로 든 1번 의사와 2번 의사는 몇 년 전 나와 함께 모 대학병원에서 근무하던 의사들이다. 내가 관찰한 바에 따르면, 1번 의사와 2번 의사는 성격으로 보나 됨됨이로 보나 결코 정반대 유형이 아니다. 더욱이 둘은 절친한 친구 사이다. 그들의 동료로서 당시 나는 둘 다 '괜찮은 사람'이라고 생각했다. 그렇지만 개인적으로는 솔직히 2번 의사보다 1번 의사를 더 좋아했다. 2번 의사는 좀 수다스러워서 함께 있으면 피로감이 몰려들곤 했기 때문이다. 반면 1번 의사는 사회성이나 대인관계 능력은 좀 부족해도 명확한 지시와 조언으로 방향 제시를 잘했다.

문제는 환자들을 대하는 태도였다. 1번 의사는 권위적으로 보일 정도로 지나치게 과묵한 사람이었다. 반면 2번 의사는 환자들 앞에서 말도 편하게 잘하고 늘 친근한 모습을 보였기에 인기가 좋았다. 간호사들도 그를 좋아했고 편안해했다. 하지만 2

번 의사도 단점은 있었다. 환자에게 그렇게 친절하던 그도 친한 친구를 만나면 환자에 대한 불평을 아주 길게 늘어놓곤 했던 것이다.

그래서 나는 늘 1번 의사가 안타까웠다. 내가 장점으로 느꼈던 그의 성격이 환자들 앞에서는 단점이 되고 있었으니까 말이다. 둘 중 누가 더 훌륭한 의사인지는 아무도 말할 수 없지만, 나는 이것만은 확실히 말할 수 있다. 2번 의사는 이기는 게임을 하고 있었지만 1번 의사는 지는 게임을 반복하고 있다. 그의 장점을 알고 있던 나로서는, 그가 좀 더 이기는 게임을 했으면 하는 마음이 들었다.

그가 자신의 인생에 실질적으로 유리한 선택을 했다면 어땠을까? 때로는 자신의 성향을 좀 가리고 상대방이 원하는 모습을 보여주었더라면 어땠을까? 위선적으로 살라는 게 아니다. 누구보다 스스로에게 손해나는 일을 굳이 할 필요는 없다는 이야기다.

무엇이
'이기는 게임'일까?

그렇다면 무엇이 이기는 게임이고 무엇이 지는 게임일까? 살면서 우리는 갈등 상황을 자주 접하게 된다. 뜻하지 않은 불행과 마주치기도 한다. 그럴 때마다 어떤 '선택'을 하지 않을 수 없고 그 선택이 인생의 방향을 바꿔놓기도 한다.

그런데 우리가 어떤 감정 상태에 있고 어떤 이익을 갈망하느냐에 따라 선택이라는 경우의 수는 다양하게 펼쳐질 수 있다. 다만 우리는 자신에게 가장 유리한 선택이 무엇인지 잘 모르고, 그렇기 때문에 최선의 선택을 하지 못할 때가 많다.

우울증이든 공황장애든, 마음이 너무 힘들어서 나 같은 정신건강의를 찾아오는 사람들 대부분은 이미 불리한 선택을 수없이 반복해 마음의 상처가 질병이 되어버린 경우다. 더욱 뼈아픈 사실은 과거에 그렇게 불리한 선택을 많이 한 사람일수록 현재와 미래의 선택에서도 유사한 방식으로 선택할 가능성이 높다는 점이다.

이기는 게임을 하는 사람들은 자신에게 가장 유리한 선택을 할 줄 안다. 삶에서 일어나는 여러 가지 사건을 '게임'이라는 눈으로 바라봄으로써 '계산'하고 '전략'을 짜기 때문이다. 그러려면 무엇보다 중요한 것이 감정에 휘둘리지 않는 일이다. 또 이 '선택' 이후 있을 일들을 시뮬레이션해서 각각의 '경우의 수'에 따라 이득을 따져볼 줄 알아야 한다.

최근 우리 사회에선 이혼 가정이 점점 증가하는 추세다. 무엇을 기준으로 삼느냐에 따라 통계치가 달라지기는 하지만, 기혼자들의 절반가량이 이혼을 하거나 이혼 위기를 겪는 것으로 조사된다. 실제로 우리 병원을 찾는 사람들 가운데도 이혼을 생각하는 이들이 적지 않다.

이혼이라는 인생의 엄청난 변화는 분명 당사자를 극심한 스트레스 상황에 빠뜨린다. 그럼에도 불구하고 이혼하는 것이 장기적으로 자기 인생에 이득이 된다면 그들의 의사를 존중해야 마땅할 것이다. 하지만 '이혼'이란 그리 단순한 게임이 아니어서, 고려해야 할 경우의 수가 많다. 만약 자녀가 어리다면 그들이 받을 충격과 고통도 생각해야 하고 다른 식구들의 입장도 고려 대상이 될 수 있다. 세세한 사항까지 모두 계산에 넣다보면 '이혼'을 실제 행동에 옮기기가 결코 쉽지 않다.

그리고 이혼을 하는 사람들 대다수가 순간적 분노나 복수심에 따른 감정적 결정을 하다보니 이혼 후 더 큰 고통을 겪기도 한다. 이 역시 인생의 중요한 시기에 일순간의 분노를 참지 못해 지는 게임을 하는 것일 수 있다.

이혼 후 더 큰 고통에 시달리는 경우 이는 이혼으로 인해 닥칠 어려움이 구체적으로 어떤 것일지 세부적으로 고려하거나 계산에 넣지 못한 탓이 크다. 자녀들이 감정적 혼란을 겪고 엇나간 행동을 할 수도 있다는 사실을 간과한 채 이혼을 감행함으로써 이전보다 더 고통스러운 삶을 살게 될 수 있다. 반대로 이혼하면 자신과 자녀들이 오히려 심리적 혜택을 입을 수 있는데도 그 사실을 간과한 채 체면 때문에 불행한 결혼생활을 이어갈 수도 있다. 양쪽 모두 분노나 우울 같은 감정이 자신을 휘어잡으려 할 때 그 감정에서 잠시 물러나 어떤 선택이 자기 인생에 진정으로 유리할지 판단하지 못해 '지는 게임'을 한 경우라 하겠다.

이기는 방법은
따로 있다

50대 후반인 명옥 씨는 투자 사기를 당해 큰돈을 날리고 말았다. 남편이 사기일 가능성이 높다며 말렸는데도 몰래 빚까지 내서 투자를 하는 바람에 더 큰 갈등을 빚었고, 당연히 남편과 다툼이 잦아졌다.

궁지에 몰린 명옥 씨는 자신의 잘못은 어쩔 수 없는 일이었다며 합리화했고 현재의 불행을 모두 남편 탓으로 돌렸다. 가부장적인 데다 고집도 세고, 화가 나면 상대의 마음을 잘 헤아리지 못하며, 젊었을 때는 손찌검까지 했던 일이 떠올랐다. 그녀는 이렇게 무시당하며 살고 싶지 않았다. 자신은 늘 피해를 보며 살아왔는데 작은 실수조차 용납되지 못한다니 억울하고 분했다. 그래서 이혼하자고 큰소리를 쳤는데, 남편은 할 테면 하라며 위자료는 한 푼도 못 준다고 으름장을 놓았다.

결국 집을 나온 명옥 씨는 자존심이 상해서 도무지 못 참겠다면서, 소송하고 싶다고 말했다. 자녀들도 다 컸으니 이혼해서 독립적이며 새로운 삶을 살겠다는 것이었다. 나는 그녀가 지금 너무 감정에만 치우쳐, 즉 부정편향으로 인해 비현실적인 선택을 하는 게 아닌가 판단되었다.

"아, 소송까지 생각하고 계시군요. 그런데 이혼 소송이라는 게 여러모로 비용이 많이 들던데, 그런 준비는 해두셨나요?"

"아이고, 제가 돈이 어디 있겠어요. 평생 주부로 살았고 경제적인 문제는 남편이 다 알아서 처리했는걸요. 그렇다고 따로 모아놓은 돈이 있는 것도 아니고요. 뭐, 어디서 빌려봐야죠. 그걸 생각하면 앞이 캄캄하기는 한데, 그렇다고 이대로 집에 돌아가기는 싫어요. 자존심이 상해요."

"그럼 향후 일을 꼼꼼히 한번 예상하고 따져보는 건 어떨까요. 소송을 어떻게 진행할지, 어떤 돈으로 할지, 그리고 만약 소송에서 이겨 어느 정도 돈을 받아냈다고 할 때 이후 계획 등등에 대해서요. 소송에서 이기더라도 빌린 돈 갚으시고 거처를 마련하시고 하면 실상 남는 게 별로 없을 것 같은데요. 그렇다면 그다음 계획도 세워두셔야 할 것 같습니다. 어떻게 생계를 이어갈지 같은⋯⋯."

그녀는 미처 그 생각까지는 못했는지 슬쩍 멋쩍은 웃음을 지을 뿐 별 말이 없었다.

만약 명옥 씨의 남편이 공감 능력이라고는 전혀 없는, 일종의 사이코패스 성향을 가진 사람이라면 나 역시 그녀에게 이혼을 적극 권했을 것이다. 남편이 아무리 돈을 잘 번다고 해도 내내 고통스러운 결혼생활이 이어질 게 뻔하기 때문이다. 하지만 명옥 씨의 남편은 그런 사람은 아니었고 그녀 또한 한때 행복하게 산 기억이 있었다. 다만 난처한 지경에 처하자 과거까지 현재의 감정으로 왜곡한 탓에 분노가 일고 있는 것뿐이다. 물론 남편이 바다 같은 이해심을 가진 남자라면 얼마나 좋겠는가. 하지만 그런 남자는 몇 세기에 한두 명 나올까 말까 한다.

사람들이 흔히 말하는 '자존심' 때문에 지는 게임을 반복한다면 부질없고 어리석은 일이 아닐까 생각한다. 나는 가끔 "자존심은 나라 지킬 때나 쓰는 것"이라고 농담조로 말하곤 한다. 자존심 없이 어떻게 살겠느냐마는 쓸데없는 자존심을 부리느라 당면한 자기 삶을 어렵고 힘든 상황으로 몰아갈 필요는 없다는 뜻이다.

그런 건 사실 진짜 자존심이라기보다는 잠시 흐트러진 의식을 틈탄 나쁘고 부정적인 감정에 불과할 수 있다. 만약 명옥 씨가 그 '자존심'이라는 것 때문에 이혼을 선택했다면 어땠을까. 온갖 고생 다 하며 더 힘겹게 여생을 보내게 될 가능성이 높다.

자존심을 세운다는 것은 달리 말하면 자신의 신념을 지킨다는 것이다. 단순히 누군가의 조언이나 권면, 나아가 비난이나 지적을 당했을 때 자신이 옳다고 주장하기 위한 수단은 아니라는 이야기다. 그런 점에서 "난 자존심이 세"라는 말을 너무 자주 하는 사람은 오히려 열등감이 큰 것일 수 있다. 다른 사람의 조언이나 권면을 무조건 '부당한 비난'으로 치부하며 상대가 자신을 무시했다고 여기는 것은, 역설적으로 스스로에게 그만큼 자신감이 없다는 뜻일 테니까 말이다.

반면에 이기는 게임을 하는 사람은 지위 고하를 막론하고 그 어떤 사람의 이야기든 경청할 줄 알며, 그 조언을 당당히 받아들인다. 이런 사람은 자존감이 높은 사람이며, 내가 지금껏 강조해온 대로 '자기 인생의 중심에 자기 자신을 놓을 수 있는' 사람이다. 바로 그런 사람이 이기는 게임을 한다.

'싸울 때마다 이기는 것'보다 더 좋은 것

싸울 때마다 이기는 사람도 분명 있을 것이다. 그런 사람은 물리적 싸움이든 법적 싸움이든 포기하지 않고 끝까지 싸운다. 싸움에 능한 것에 대단한 자부심을 가지고 있을 수도 있다. 하지만 그런 사람을 곁에 두고 싶은 사람이 몇이나 될까? 백이면 백 싫다고 할 것이다. 왜냐하면 그런 사람은 곁에 있는 나까지 이기려 들 것이기 때문이다.

이기는 게임을 하라는 말은 속된 말로 '싸움닭'이 되자는 게 아니다. 싸워서 이기는 것보다는 싸우지 않고 이기는 것이 가장 좋다. 단지 정서적으로 좋을 뿐 아니라 실질적 이익도 크고, 무엇보다도 방법이 아주 간단하고 쉽다.

그 방법이란 무엇인가? 눈앞만 보지 말고 시선을 그저 멀리 두면 된다. 즉 '장기 전망'에 따라 궁극적으로 자신에게 유리한 것을 계산한 뒤 선택하면 되는 것이다. '장기 전망'으로 인생을 바라보면 순간순간 끓어오르는 쓸모없는 자존심 따위는 버리고 필요하다면 "내가 잘못했다"라고 시인할 줄 아는 용기도 갖게 된다.

또 장기적으로 더 편안하고 행복해질 수 있다면 당장은 손해를 보더라도 넉넉한 마음으로 양보도 할 수 있게 된다. 이렇게 싸우지 않고 이기는 법을 깨달으면 그 누구보다 자기 자신이 행복해지는 길을 찾아갈 수 있다.

증간소음 때문에 스트레스를 받던 한 남성이 윗집에 따지러 가려 하자, 아내가 남편을 말리면서 당분간은 참고 지내보자고 했다. 그리고는 어느 날 귀마개를 여러 개 사 왔다. 지나치게 시끄럽다 싶을 때는 그걸로 귀를 막고 잠을 청하자는 뜻이었다. 남편은 불편하다면서 불만을 터뜨렸지만 아내는 좀 더 참아보는 게 좋겠다고, 혹시 윗집 사람을 만나더라도 일단은 괜찮다고 말하라고 일러두었다.

그러던 어느 날 엘리베이터에서 윗집 사람을 만났다. 윗집 사람들은 아이들 때문에 혹 시끄럽지 않느냐며 죄송하다는 말을 건네왔다. 아랫집 아내가 이렇게 대답했다.

"아니에요. 아이들이니까 뛰어다니는 게 당연하죠. 저희는 많이 불편한 날은 귀마개를 하고 자면 되니까 괜찮아요."

싸우지도 않고 화를 내지도 않았지만, 아랫집을 고통스럽게 하던 문제는 곧 해결되었다. 윗집에서 소음 방지 매트를 깔았기 때문이다. 아랫집 사람들이 귀마개를 하고 잔다고 하니, 윗집 사람들도 어떻게든 그 불편함을 해소해주고 싶었던 것이다.

얼마 후 아랫집 아내는 윗집에 음식을 좀 챙겨가지고 가서 신경 써줘서 고맙다고 인사했다. 이렇게 마음을 주고받으며 두 이웃은 서먹함 없이 잘 지낼 수 있었다. 만약 충간소음이 날 때마다 화를 참지 못하고 윗집에 올라가서 따졌다면 어땠을까? 그 때마다 얼굴 붉히며 싸웠을 것이고 자칫 큰 싸움으로 번졌을 수도 있다.

우리는 모두 호혜주의나 이타주의라 부를 만한 좋은 본성도 타고난다. 한쪽이 호의를 베풀면 다른 쪽도 그 호의를 갚아주고자 하는 마음이 자연스럽게 생긴다. 싸우지 않고 이기는 법은 우리 안의 이런 선한 본능을 십분 활용하는 것이다.

이기는 게임의 최고봉은 두말할 나위 없이 용서와 화해다. 여러 사례를 통해 확인해본 결과, 너그러움과 협력적인 태도만큼 효과적이고 확실한 건 없었다. 이 말은 "지는 게 이기는 것"이라는 격언과도 일맥상통한다.

우리네 이웃 대부분이 호혜주의에 입각해서 살아가지만, 예외가 없지는 않다. 때로는 양심 없는 사람도 분명 있다. 상대방의 너그러움이나 협력적인 태도마저 이용하려 드는 사람들도 이 세상에는 있다. 그런 경우에는 혼자 해결하려 들지 말고 집단이나 법 혹은 제도의 힘을 빌리는 것도 싸우지 않고 이기는 방법에 속한다. 그렇게 하지 않으면 사회적 협력이 유지되기가 어렵다. 법과 제도는 그래서 존재하는 것이다.

이기는 게임을 하라는 건 일시적 승리감을 맛보라는 의미가 아니다. 일시적 승리감을 느끼려고 싸운다면 설령 이겼다 하더라도 당신은 '지는 게임'을 한 것이다. 궁극적 이익을 확보했을 때 비로소 이겼다고 말할 수 있다. 상대방이 복수할 여지를 주지 않는 게 이기는 게임을 하는 것이며, 이를 위해서는 분노 같은 공격성보다는 너그러움과 협력의 자세가 필요하다. 자존심을 내세우지 마라. 자존심보다 중요한 것은 당신의 이익과 행복이다.

멀티태스킹은
멋진 능력일까?

혹시 당신은 때로 이런 모습으로 일하지 않는가? 노트북을 켜놓고 작업하면서 이어폰으로는 음악을 듣고 있다. 그리고 휴대폰으로는 수시로 SNS 메시지를 확인하고 답글을 달고 노트북 한쪽에는 동영상도 켜둔 상태다. 이런 걸 가리켜 '멀티태스킹'이라고 하며, 젊은 사람들 사이에서는 멀티태스킹이 제법 멋진 행동이며 심지어 능률적인 방법으로 여겨지기도 한다.

그러나 결론부터 말하자면, 우리는 멀티태스킹을 할 수 없다. 멀티태스킹은 어려운 일이 아니라 아예 '할 수가 없는 일'이다. 우리 뇌는 한꺼번에 여러 가지 일을 처리할 수 있도록 진화되지 않았기 때문이다. 선사시대에 우리 인류가 만약 멀티태스킹을 시도했다면 아차 하는 순간 맹수의 먹이가 되어 자신의 유전자를 이어나가지 못했을 것이므로 멀티태스킹 유전자는 진화과정에서 살아남지 못했다.

멀티태스킹이 근사한 것이라는 오해가 확산된 것은 아마 첨단기술의 귀재들이 보여준 모습 때문이 아닌가 싶다. 오랜 기간 같은 일을 반복하다보면 그 일에 능숙해지게 마련이고 그래서 첨단기술을 다루는 실리콘밸리 사람들은 노트북과 휴대폰을 동시에 작동시키며 온갖 일을 다 처리해내는 것처럼 보이기 때문이다.

2009년 스탠퍼드 대학교에서 멀티태스킹을 연구 중이던 에 얄 오피르(Eyal Ophir)와 동료들은 이들 첨단기술의 귀재들을 대상으로 관련 실험을 실시했다. 실험 참가자들을 과도한 멀티태스커 그룹과 그렇지 않은 그룹으로 나누고 컴퓨터 앞에 앉힌 후 방해하는 자극을 걸러내거나 무시하는 능력이 어느 정도인지 측정한 것이다.

컴퓨터 화면에 빨간 사각형이 나타났다가 사라진 후 다시 나타나는데 그때 빨간 사각형의 자리가 바뀌었는지를 파악해 대답하는 단순한 실험이었다. 그러나 실험이 진행될수록 파란 사각형이 늘어나면서 난이도가 높아졌다. 또한 빨간색 A 다음에 빨간색 X가 나오면 반응하는 실험도 실시했는데 이때도 필요 없는 방해자극을 중간중간 집어넣었다. 이러한 방해자극을 무시하고 얼마나 정확히 반응하는지를 측정하고자 함이었다.

너무 잦은 변화는 뇌에 스트레스를 준다

이들 실험 참가자들이 일반적으로 '똑똑한 다중작업자'라고 여겨졌기에 "훌륭한 집중력과 통제력을 지녔다"라는 결과가 도출될 것이라고 모두가 예상했으나, 뜻밖에도 그 능력을 측정하는 과제에서 이들 모두가 하나같이 형편없는 수준을 보였다. 이들은 보통 사람들보다 집중력이 훨씬 부족했고 기억력도 형편없었다. 게다가 과제 전환에도 시간이 더 오래 걸렸다. 하나의 자극에서 다음 자극으로 넘어가기 위해 주의를 집중하는 시간은 거의 없다시피 했다.

잠시..., 생각할 시간이 필요해

연구자들이 다중작업자의 뇌 영상을 촬영했는데, 다른 일이 끼어들 때마다 흥분과 쾌락의 호르몬이 분비되는 것을 볼 수 있었다. 즉 그들은 새로운 쾌락을 맞이하는 것에 '중독'되어 다른 일에 의한 간섭받기를 즐겼다. 따라서 한 가지 일에 몰입하기보다는 그러기 전에 또 다른 일이 나타나기를 기다렸다. 문제는 이렇게 새로운 일에 의한 쾌락에 중독되면 뇌세포가 손상을 입어 지능지수가 낮아지고 그에 따라 더는 한 가지 일에 집중하지 못하는 상태에 이르게 된다는 것이다. 최악의 경우 고도의 집중력을 요하는 일, 곧 전문성을 잃게 된다.

다중작업에 관한 연구들을 종합해보면, 다중작업자들은 작업의 시간이 더디고 실수도 잦아 실상은 비효율적으로 작업을 하고 있는 것인데도 스스로는 일을 매우 빠르게 잘 처리해낸다고 착각한다는 것이다. 결국 다중작업은 여러 작업을 한꺼번에 수행하는 것이 아니라 여러 작업을 한꺼번에 엉망으로 만드는 일에 불과한 것이다.

뇌가 접하는 정보의 잦은 변화는 뇌에 스트레스 요인으로 작용한다. 변화란 일정한 규칙을 깨는 일이다. 정보의 잦은 변화로 인해 동시에 여러 가지 자극에 반응해야 할 경우 우리 뇌는 장애에 부딪힌다.

끊임없이 과제가 바뀌면 뇌에서는 코르티솔과 아드레날린이 지속적으로 방출되어, 장기적으로는 신체에도 악영향을 끼친다. 또한 단기기억과 집중력 향상에도 좋지 않다. 다중작업에 따른 잦은 변화가 뇌에 가하는 스트레스는 이처럼 매우 크기 때문에, 멀티태스킹은 근사한 모습이 아니라 자신의 뇌 능력을 위축시키는 행위라는 걸 명심하자.

잠시, 생각할 시간이 필요해